NUEVAS GUÍAS PERROS DE RAZA



# Border Collie

Caterina O´Sullivan

Dibujos por: Yolyanko el Habanero

Título de la edición original:
**Border Collie**


**Editorial Hispano Europea, S. A.**
Primer de Maig, 21 - Pol. Ind. Gran Via Sud
08908 L'Hospitalet - Barcelona, España.
E-mail: hispanoeuropea@hispanoeuropea.com



Depósito Legal: B. 18593-2010

ISBN: 978-84-255-1947-5



IMPRESO EN ESPAÑA

PRINTED IN SPAIN

LIMPERGRAF, S. L. - Mogoda, 29-31 (Pol. Ind. Can Salvatella) - 08210 Barberà del Vallès

# Índice

CAPÍTULO 1

Conocer al Border Collie



# El Border Collie se originó en la región fronteriza que hay entre Escocia e Inglaterra.

Una zona accidentada donde los granjeros necesitaban un perro capaz de trabajar durante largas jornadas y lo suficientemente obediente para atender sus rebaños. Fue así que, mediante la crianza selectiva, se desarrolló el Border Collie, perro que trabaja de un modo peculiar, cubriendo grandes áreas con sus amplias carreras para reunir y perseguir al rebaño. Para controlar los animales se buscó en la raza esa intensa mirada conocida como «ojo», junto a un estilo de movimiento persecutorio.

Los perros han sido usados para ayudar a los granjeros desde hace siglos y en muchas partes del mundo; *collie* es el término rural celta para denominar algo útil. Como dato interesante diremos que, en Escocia, las palabras que designan muchos y diferentes utensilios agrícolas llevan el prefijo *collie*.

**El Border Collie es conocido por su independencia al trabajar en el campo y por su original manera de pastorear los rebaños.**

Este hecho, unido a la tierra que dio origen a la raza (los condados fronterizos que se hallan entre Inglaterra y Escocia), arroja cierta luz sobre el nombre del perro.

Antes de ahondar más en los numerosos méritos de esta talentosa raza, adentrémonos en su historia. Es lógico que al invadir Britania en el año 55 a. de C. los romanos trajeran sus propios perros para que les ayudaran con el ganado. Se cree que los canes romanos eran sustancialmente más pesados que el Border Collie, pero luego los vikingos llegaron también con sus perros tipo *spitz*, que usaban asimismo para el pastoreo. De manera inevitable, debieron de producirse cruces entre ellos y es probable que la disminución en la talla haya favorecido la capacidad de trabajar en las rocosas tierras altas.

Estos perros se usaron de igual modo en Gales. En el año 943, Hywel Dda (por aquella época rey de Gales y conocido como Hywel, *el Bueno*) describió un ovejero de color negro que conducía a un rebaño a pastar a las colinas y luego los traía de vuelta.

**Incluso siendo muy jóvenes, los Border Collie se sienten instintivamente atraídos por las criaturas lanudas.**

**A pesar de su carácter independiente, el Border Collie es afectuoso con aquellos que quiere.**

y resultó invencible. Pesaba alrededor de 20 kilos, medía 52 cm hasta la cruz, tenía el pelo largo y recto, de color blanco y negro, y las orejas semierectas. El estándar del Border Collie actual se basó en este perro. Dos de sus nietos, *Tommy* y *Sweep*, también llegaron a ser progenitores de prestigio.

En épocas más recientes, *Wiston Cap*, un ejemplar grande, bello y de pelo largo tricolor, tuvo gran influencia en la raza. En 1965 se hizo Campeón Internacional y tiene fama de haber sido el semental más solicitado de Gran Bretaña. Vivió hasta los quince años y medio, y en una etapa de su larga vida, su dueño, Jock Richardson, se embolsó más de 1000 libras esterlinas anuales en concepto de montas. Para darle perspectiva al asunto, diremos que en esta época el salario promedio de un pastor

**Inteligente y siempre alerta, el Border Collie es la primera elección para los granjeros y para aquellas personas que desean un perro de compañía activo con el cual participar en muchas actividades.**

era de ¡40 libras! Tampoco debemos olvidar a *Spot*, un perro mediano y bien marcado en blanco y negro, que también ha tenido una influencia sustancial en el plantel moderno del Border Collie.

La International Sheep Dog Society, ISDS (Asociación Internacional de Perros Ovejeros), con origen en Escocia, conservaba pedigríes e información registral sobre el Border Collie. El influjo de esta sociedad en el pastoreo y en el desarrollo de los perros ovejeros ha sido enorme; todavía mantiene activo su registro.

En Gran Bretaña, en los años setenta del pasado siglo, se inició un movimiento encaminado a obtener el reconocimiento del Kennel Club (KC, la organización canina nacional del Reino Unido) del Border Collie. En 1972 un grupo de personas que se autotitulaba «Club de entusiastas del Border Collie» se reunió y trabajó duro con el objeto de recabar apoyo para la raza. Este grupo tuvo que soportar la oposición de los que competían en eventos de pastoreo, y que llegó al punto de provocar la

**El peculiar estilo de acecho con que se mueve cuando trabaja, marca de fábrica del Border Collie, lo diferencia de otros perros pastores.**

cancelación de una exposición cuando la ISDS amenazó con expulsar a los miembros que tomaran parte en ella.

En octubre de 1976, el Border Collie Club of Great Britain (BCCGB) fue formalmente registrado en el Kennel Club y sus fundadores se reunieron a comienzos del año siguiente. En este encuentro se adoptó el estándar australiano como norma interina. Al poco tiempo fue corregido, y gracias al número de perros registrados en el Kennel Club se aceleró la concesión del estatus de campeonato a la raza, aunque el BCCGB no se inclinaba por que se le concediera esta condición demasiado pronto. Harry Glover, que se convirtió en patrocinador del club, hizo mucho por promover y guiar al Border Collie. Fue lamentable que muriera pocos meses antes de que se celebrara la primera exposición de campeonato de la raza, que tuvo lugar en la edición del Crufts –la mayor exposición canina de Inglaterra– del año 1982. Ahora, en Gran Bretaña existen ocho clubes especializados y el Border Collie es una presencia familiar en el *ring*, donde numerosos ejemplares han conquistado altos honores en las exposiciones de todas las razas.

**Cuando vea competir al rápido y seguro Border Collie en el circuito de agilidad, no podrá evitar sentirse emocionado.**

## El Border Collie viaja a Oceanía

Con el establecimiento de la ISDS se exportaron varios Border Collie a otros países, sobre todo a Australia y Nueva Zelanda, donde se había redactado el primer estándar de la raza. Los primeros borders se habían registrado en este país en 1919, después de lo cual se les exhibía en las exposiciones de conformación. En Australia, la raza se exhibió en fecha tan temprana como 1907, pero no fue hasta los años cincuenta y sesenta del pasado siglo que arraigó en el panorama de las exposiciones caninas. Hasta 1963, cuando lo permitió, el Australian Kennel Control Council (Consejo de Control de la Asociación Canina Australiana) no había consentido en que el Border Collie compitiera en las clases de conformación a nivel de campeonato.

## El Border Collie en Estados Unidos

El Border Collie fue introducido en Estados Unidos en la década de 1880, pero sobre todo como perro de trabajo. Fue en 1955 cuando el American Kennel Club (la organización canina que rige la crianza y exposición de perros de raza en Estados Unidos) lo reconoció dentro de la clase Misceláneas; cuarenta años después, el 1 de octubre de 1995, el Border Collie pudo al fin competir en las clases regulares del Grupo de Pastoreo. Actualmente es muy popular en el país debido a su belleza y su inteligencia natural; hay quien la considera la raza más lista del mundo canino. Además, es famoso por su innegable talento como trabajador de alta competencia. La Border Collie es, por otra parte, una de las razas punteras en las competiciones de agilidad y de obediencia, en las que se la conoce por sus sobresalientes triunfos.

El club especializado de la raza en ese país, la Border Collie Society of America (BCSA), se fundó en 1990. Mientras otros clubes nacionales se concentran en el Border Collie de trabajo, oponiéndose al registro en el AKC y a las exposiciones de conformación, la BCSA sigue atrayendo numerosos ejemplares al *ring*.

## CONOCER AL BORDER COLLIE

### Resumen

- El nombre de la raza proviene de su lugar de origen, los condados fronterizos que hay entre Escocia e Inglaterra, así como de la expresión coloquial «algo útil».
- Perros tipo Border Collie han existido durante siglos, y a lo largo de los años se han ido diversificando en distintas razas de pastoreo.
- Las competiciones para ovejeros fueron el terreno de prueba de los perros pastores. A los Border Collie siempre les fue bien y, finalmente, llegaron hasta las exposiciones de conformación.
- El Border Collie actual es todavía estimado por sus habilidades como perro de pastoreo, pero también ha sido reconocido por las principales asociaciones caninas del mundo y esto ha dado lugar a que numerosos ejemplares participen tanto en las exposiciones de belleza como en las de trabajo.

CAPÍTULO 2

# Estándar y descripción de la raza



**Aunque el Border Collie está entre nosotros desde hace varios siglos, sólo recientemente fue reconocido como perro de exposición.**

Aun así, los estándares de conformación racial, que son las descripciones oficiales del espécimen ideal de una raza determinada, existían mucho antes de que él hiciera su aparición en el *ring* de belleza. Aunque el Border Collie no es una raza grande, tampoco es pequeña. Los machos miden, según el estándar de la Federación Cinológica Internacional (FCI), entre 56 y 61 cm hasta la cruz –que es el punto más alto de los hombros– y las hembras, entre 51 y 56 cm. El estándar del American Kennel Club (AKC) requiere que los machos midan entre 48 y 56 cm y las hembras entre 46 y 53 cm.

El Border Collie es un perro bien proporcionado, ligeramente más largo que alto (longitud medida desde el antepecho a la nalga). El estándar del AKC especifica que la propor-

**El Border Collie es, ante todo y por encima de todo, una raza de trabajo. Su manto blanco y negro no necesita de un sofisticado acicalado para lucir en óptimas condiciones.**

ción entre la longitud y la altura es de 10:9. El suave contorno del perro muestra prestancia, gracia y perfecto equilibrio, todo ello combinado con sustancia. Estos rasgos nos hablan de algo que ha sido esencial para la raza durante siglos: la resistencia. El Border Collie no debe ser tosco, pero tampoco débil; es un animal que despliega estilo y agilidad. No debemos olvidar que se trata de un ovejero de trabajo, íntegro, tenaz, laborioso y de gran docilidad.

Las cualidades de la cabeza expresan su temperamento despierto, vigilante y receptivo y su inteligencia. La expresión del Border Collie está «llena de interés» –según describe el estándar del AKC–. Los ojos están bien separados, son de tamaño mediano y tienen forma ovalada. Según este estándar, el color de los ojos varía de acuerdo con el del manto, pero la FCI señala que «deben ser de color marrón, excepto en los ejemplares azul mirlo (*blue merle*), en los cuales uno o ambos o una parte de uno o de ambos puede ser azul».

Siguiendo con el estándar del AKC: cuando el pelaje tiene otros

**El cuerpo del Border Collie es un poco más largo que alto, bien proporcionado y en ningún sentido exagerado.**

**La expresión del Border Collie es despierta, brillante y llena de vida.**

colores que no son la clásica combinación blanco-negro, el perro puede tener los ojos más claros. Los azul mirlo pueden presentar uno o ambos ojos azules o parte de uno o de los dos. En los perros de otros colores se aceptan los ojos azules, aunque no son los preferidos. El mirlo es una de las muchas tonalidades que se aceptan en la raza, siempre que no predomine el blanco. A la hora de evaluar a un Border Collie, el color y las marcas son siempre secundarios ante la conformación física y la marcha.

Las orejas son de tamaño mediano y puede llevarlas erectas o semierectas, en un rango que va desde un cuarto a tres cuartos de elevación. Cuando están semiparadas, las puntas pueden caer lo mismo hacia adelante que hacia afuera. El estándar del AKC dice que son «sensibles y móviles». El de la FCI las describe como «de tamaño y textura mediana, colocadas bien separadas. Deben permanecer erectas o semierectas y estar atentas al menor ruido».

El cráneo y el hocico son más o menos de la misma longitud; de perfil, la cima del cráneo –de ancho moderado– es paralela a la parte superior del hocico. El *stop* es atenuado, pero está visible, y el fuerte hocico se va afinando ligeramente hacia la trufa, cuyo color hace juego con el del manto. El estándar de la FCI exige que la trufa sea «negra, excepto en los ejemplares color marrón (chocolate), en los cuales la nariz puede ser de color marrón. En los ejemplares de color azul, la trufa debe tener un color apizarrado». Los orificios nasales deben estar bien desarrollados. El Border Collie tiene la mandíbula fuerte, y la mordida es de tijera completa, lo que significa que los dientes superiores se superponen ligeramente a los inferiores.

El cuello, fuerte, musculoso y algo arqueado, es proporcional a

**El Border Collie presenta colores y patrones variados. Observe los ojos oscuros del perro que está a la izquierda y los azules del azul mirlo que está a la derecha.**

la longitud del cuerpo. Se inserta de manera suave en los hombros, que están bien inclinados. Las escápulas son largas, de igual longitud que los brazos –según el estándar–. También las puntas superiores de las escápulas deben estar lo suficientemente separadas para permitir la típica agachada de los perros de esta raza cuando pastorean un rebaño.

Con relación al pecho existe una diferencia entre el estándar del AKC y el de Inglaterra, país de origen de la raza. El AKC exige un pecho moderadamente ancho que no vaya más allá de la punta del codo, pero el estándar británico (el que dicta el Kennel Club), así como el de la FCI, exige que el pecho sea profundo y más bien amplio.

Las extremidades posteriores son anchas y musculosas; su perfil superior desciende de manera grácil hacia el nacimiento de la cola, insertada hacia lo bajo y cuyas vértebras deben alcanzar una longitud tal que lleguen al corvejón. Los muslos son «largos, anchos, profundos y musculosos» y las babillas, bien anguladas. Tanto el estándar estadounidense como el británico y el de la FCI exigen corvejones fuertes, pero mientras los de los dos últimos requieren que, vis-

**El atlético y dinámico Border Collie vence fácilmente la mayoría de los obstáculos del circuito de agilidad.**

tas desde atrás, las patas traseras sean paralelas, el del AKC permite que los corvejones sean tanto paralelos como ligeramente vueltos hacia adentro. Los pies, ovales y compactos, tienen almohadillas plantares gruesas. Los dedos suplementarios de las patas traseras deben ser eliminados y el estándar señala que también «pueden» ser eliminados los de las patas delanteras.

El Border Collie tiene que ser capaz de «cambiar súbitamente de velocidad y dirección pero con equilibrio y gracia». Se trata de una raza ágil, de resistencia legendaria. Los tipos de marcha que usa con mayor frecuencia en el trabajo son el galope y la agachada (como si se moviera de manera furtiva), que puede convertir sin dificultad en un trote libre balanceado. El Border Collie da la impresión de moverse con cautela y velocidad, manteniendo la línea superior firme y llevando la cabeza al mismo nivel o ligeramente por debajo de la cruz.

Finalmente, es hora de hablar del manto, en el cual se permiten dos variedades. Ambas son compuestas y resistentes a las inclemencias del tiempo. Una de ellas es de mayor longitud que la otra; de acuerdo con el AKC, el manto más largo se conoce como *rough* o «pelo largo», es de mediana longitud y lleva flecos en las patas delanteras y traseras (en estas, más bien hacia las caderas y muslos), en el pecho y en la parte inferior del cuerpo. La variedad de pelo corto suele tener el pelo de longitud más reducida y de textura más áspera, a veces con ligero plumaje en las patas delanteras y las ancas, el pecho y el collarín. Ambas variedades de pelo son aceptables.

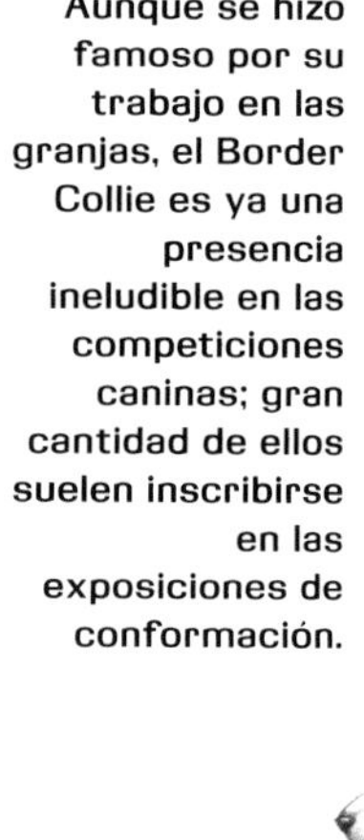

**Aunque se hizo famoso por su trabajo en las granjas, el Border Collie es ya una presencia ineludible en las competiciones caninas; gran cantidad de ellos suelen inscribirse en las exposiciones de conformación.**

Para la FCI existen también dos variedades de manto: uno, de largo moderado, y el otro, corto; y ambos, dobles. En los perros que lo tienen razonablemente largo, el abundante pelo forma melenas, flecos y cola de cepillo. En la cara, orejas, miembros anteriores (excepto por los flecos) y miembros posteriores, desde los corvejones hasta el suelo, el pelo debe ser corto y liso.

Un Border Collie en óptimas condiciones es como un bello paisaje; y más aún: un excelente perro de trabajo de gran inteligencia. Con todos estos atributos, no es de extrañar que la raza se haya convertido en una de las grandes favoritas en todo el mundo. Las personas interesadas en leer los estándares completos de la FCI, del KC y del AKC pueden visitar los sitios de Internet de estas organizaciones. El del AKC pueden encontrarlo en <http://www.akc.org>.

## ESTÁNDAR Y DESCRIPCIÓN DE LA RAZA

### Resumen

- El estándar de raza es la descripción por escrito de un ejemplar ideal.
- El Border Collie es de talla mediana, ligeramente más largo que alto, y, en general, está bien proporcionado.
- El Border Collie es un perro entusiasta y despierto; todos los rasgos de su cabeza contribuyen a la correcta expresión de la raza.
- El pelaje puede tener varios colores y patrones; en el caso del AKC, el color de los ojos y la trufa es afín al color principal del manto; según la FCI, la trufa debe ser negra; marrón, si el manto es de ese color, y apizarrada, si el manto es azul. En cuanto a los ojos, deben ser marrones, excepto en los perros azul mirlo.
- El movimiento del Border Collie es suave y sigiloso; su manera de andar, cuando trabaja, es particular de esta raza.
- Lo más importante es que todos los rasgos del Border Collie corresponden a un perro pastor de trabajo.

# ¿Será usted esa clase de holgazán que prefiere pasarse todo el día relajado sin hacer casi nada?

Si es así, debo decirle que no es en absoluto la persona adecuada para tener un Border Collie porque este perro es un auténtico adicto al trabajo. Eso no significa que tenga que pastorear en el sentido literal del término, pero sí es importante que haga muchas actividades estimulantes que lo mantengan ocupado. Por esta razón, no es una raza con la cual resulte fácil convivir. Exigirá mucho de usted, así que debe prepararse.

Los dueños de Border Collie tienen que ser física y mentalmente activos para satisfacer las necesidades de su perro. Le aconsejo que no se plantee hacerse con un ejemplar, por muy aficionado que sea a la raza, si no está listo para hacer cuanto sea posible por mantener su cuerpo y su mente atareados. Si lo confina a la casa durante largos periodos se volverá destructivo y

**¿Está listo para abrir su corazón y su hogar a un Border Collie?**

puede que hasta depresivo. Tratándose del Border Collie, lo que tiene en sus manos es ¡pura energía!

Será una gran ventaja –desde la perspectiva del Border Collie y siempre y cuando lo lleve con usted– que le guste caminar o correr. No olvide nunca, sin embargo, que los perros de esta raza pastorean todo lo que se mueve, lo que incluye a ¡los coches en marcha! Esto quiere decir que debe estar preparado tanto para adiestrar a su perro como para garantizarle seguridad. No importa cuán rápido pueda aprender un Border Collie –ya sabemos que es brillante–, pues siempre tendrá que dedicar tiempo a enseñarle. Ha elegido una raza muy inteligente, que no podrá apaciguar adiestrándola y ejercitándola mucho en un día y luego dejándola holgazanear. Él espera que usted le dedique tiempo, atención y energía de manera sistemática. Recuerde que es muy posible que un Border Collie aburrido o descuidado desarrolle problemas conductuales.

Estos perros lo captan todo rápidamente, así que nunca en-

**Si le gusta dar largos paseos o caminatas, el Border Collie lo acompañará de maravilla en estas excursiones.**

**Juguetón, pleno de energía y listo para pastorear cualquier cosa que se mueva: ¡ese es el Border Collie!**

señe al suyo algo que no desea que aprenda. Si tiene niños, puede resultarle tentador adiestrarlo para que los «pastoree», aunque sea de vez en cuando, pero él es capaz de tomarse la tarea demasiado a pecho y acabará usted deseando no habérsela enseñado nunca. No es raro que el Border Collie dé un mordisco a un niño con el único fin de imponerle disciplina, ya que lo ve como un miembro del «rebaño». Ni usted ni el niño que-

¿Preparado para jugar? ¡El Border Collie siempre lo está!

darán contentos con esto, así que sea firme y autoritario con su perro –aunque de manera amable, ¡por supuesto!

De hecho, los instintos de pastoreo del Border Collie pueden constituir un reto para toda la familia, porque es posible que estos perros traten a los infantes como tratarían a las ovejas descarriadas que se han apartado del redil. Por eso es tan importante que, como buen padre (o madre) y como buen amo (o ama) de un Border Collie, enseñe a sus hijos a reaccionar de manera adecuada ante la conducta del perro. Es mejor que el niño se quede quieto y no trate de escapar, porque el border reaccionará según sean sus acciones. Si huye, instintivamente él tomará el control de la situación y el niño podría salir lastimado, aunque de manera no intencionada. Esta experiencia puede resultar intimidatoria.

Y usted se estará preguntando: «¿Cómo tener entonces un Border Collie desempleado y feliz?». Hay muchas maneras de mantenerlo ocupado aun cuando no lo use para pastorear. Si es usted una persona activa, el circuito de agilidad podrá resultar muy divertido para los dos. Los Border Collies destacan en este deporte canino, en el que a los canes en competición se les cuenta el tiempo que tardan

**El instinto de pastoreo de la raza es evidente, lo mismo cuando sigue a una oveja extraviada en la granja que a un insecto en el patio de casa.**

en recorrer un conjunto de obstáculos. El *flyball* es también una amena competición en la que tienen mucho éxito. Se trata de una carrera de relevos en la cual los perros compiten por equipos y en la que, como podrá imaginar, la raza es asimismo difícil de vencer. Por supuesto, también están el adiestramiento y las competiciones de obediencia. No importa qué clase de ejercicio haga su perro, pero tendrá que proporcionarle un par de horas diarias de actividad. Para ser un dueño adecuado, tendrá que encontrar el tiempo para ello.

**Es fácil encontrar a un Border Collie feliz.**

Sea usted un fan del «hágalo usted mismo» o de los que contratan a otra persona, tendrá que convertir su patio en un lugar seguro para el recién llegado Border Collie; eso quiere decir: vallado alto y fuerte, con bases bien asentadas en la tierra. Habrá que revisar la valla, y posiblemente repararla, de manera sistemática. Los Border Collie son muy listos para tramar vías de escape. Lo mismo saltan que pasan por debajo de los portones y hasta aprenden, sin dificultad alguna, a abrir verjas y cerrojos. Siendo así y previniendo lo que podría hacer el listo de su perro ¡asegúrese de que no pueda escaparse! Del mismo modo, tendrá que eliminar del patio todo peligro potencial como herramientas, fertilizantes y plantas venenosas.

Si escoge un Border Collie es de esperar que le guste cuidar el pelaje de un perro. Aunque esta raza no tiene un manto excesivamente largo, sí lo tiene más bien abundante, lo que hace que necesite acicalado regular. Debe estar dispuesto a dedicar tiempo a esta faceta del cuidado canino. En el caso de que el suyo sea un perro de exposición, tendrá que bañarlo con mayor frecuencia que si se tratara de una simple mascota. Pero además, a los Border Collie les encanta retozar al aire libre, y debido a eso tendrá que estar siempre preparado para hacer un poco de «peluquería» con el objeto de evitarle enredos o suciedades en el manto. Si es usted de las personas que disfruta haciendo labores domésticas, es casi seguro que gozará de lo lindo en la estación de muda porque ¡va a tener que pasar el aspirador con mucha frecuencia!

Ahora que ya está al tanto de las ventajas y desventajas de tener un Border Collie, debería analizar honestamente si esta es la raza adecuada para usted y viceversa. Como pueden atestiguar los aficionados a este perro, resulta un compañero muy gratificante para aquellos que pueden darle lo que él necesita.

## ¿ES LA RAZA ADECUADA PARA USTED?

### Resumen

- Lo que deben plantearse en primer lugar las personas interesadas en tener un Border Collie es si disponen del tiempo necesario para mantener ocupados la mente y el cuerpo de un perro tan activo e inteligente como este.
- En caso de ser una persona activa, al Border Collie le encantará compartir con usted cualquier actividad.
- Debe comprometerse a adiestrar y proteger a su Border Collie, pero también a dedicarle mucho tiempo para que haga ejercicio y para compartirlo con él.
- El instinto de pastoreo del Border Collie puede ser un reto para las familias que sólo desean el perro como mascota y debe ser controlado.
- Los Border Collie son perros versátiles que encajan bien en muchos tipos diferentes de deportes caninos y eso les ha dado fama de ser competidores muy difíciles de vencer.

**En todas partes abundan los aficionados y criadores de Border Collie. Sin embargo, la clave está en elegir un criador que, además de ser bueno y reputado, comprenda lo que le mueve a usted a desear un perro de esta raza.**

La mayoría de los Border Collies tienen grandes aptitudes para el trabajo, pero algunos criadores se especializan en la cría de ejemplares con destino a trabajar en tanto que otros lo hacen con vistas a las exposiciones de conformación. Tan sólo en Estados Unidos hay varios clubes nacionales y registros genealógicos para el Border Collie. El club matriz nacional especializado es la Border Collie Society of America (BCSA), reconocida por el AKC. Pero también hay otras organizaciones de registro para la raza como la American Border Collie Association (ABCA), la North American Sheepdog Society (NASS ) y el American In-

Cuando vaya a conocer la camada, no deje de observar a la madre en compañía de sus cachorros. Todos deben estar sanos y limpios, además de tener un temperamento correcto y extrovertido.

ternational Border Collie Registry. Muchos perros están registrados en más de una institución: el AKC y otras de las anteriormente mencionadas. Además está el United Kennel Club (UKC), otra gran organización canina nacional que reconoce muchas razas, incluyendo el Border Collie. Aunque estas alternativas en la crianza no se presentan de manera tan radical en Europa y otras regiones del mundo, es bueno estar informado al respecto.

**¡Se divertirá mucho conociendo a los Border Collie bebés!**

En sus pesquisas, encontrará usted que ciertas asociaciones promueven el Border Collie de trabajo y no aprueban las exposiciones de conformación. Todo esto puede resultar muy confuso, incluso si lo único que pretende es adquirir una mascota. Debe afanarse en la tarea de averiguación hasta llegar a saber lo que tiene que buscar en un buen criador.

**Observar a la camada en acción le dirá mucho acerca de las personalidades individuales de los cachorros: quién es el líder del grupo, quién el más callado, el más enérgico, y quién el que más se ajusta a su manera de ser.**

Pero, ¿por dónde empezar? ¡Por los anuncios clasificados del periódico, jamás! Sea cual sea el país donde viva, puede ponerse en contacto con la organización canina nacional y con los clubes especializados, los cuales podrán facilitarle un registro de criadores. También puede asistir a exposiciones o competiciones caninas donde participen Border Collie, porque en ellas conocerá personas relacionadas con ellos y tendrá la posibilidad de averiguar quién es el criador de los perros que más les ha gustado. Debe elegir uno que esté dispuesto a explicarle en detalle los pros y los contras de la raza. Nunca puede olvidar que este es, en primer lugar y ante todo, un perro de pastoreo que necesita un dueño capaz de mantenerlo activo mental y físicamente. Un buen criador le podrá aconsejar sobre lo que ello representa para la persona que anda en busca de una simple mascota.

Por otra parte, hay un número considerable de Border Collie entregados por sus dueños a distintos refugios caninos por no haber mostrado la suficiente habilidad para el trabajo de granja –razón de más por la que debe seleccionar con cuidado tanto al criador como el programa de crianza–. Incluso si no pretende ponerlo a trabajar, el perro elegido debe ser un Border Collie bien criado, con los instintos que hacen de la raza lo que es.

Debe optar por un cachorro sano, proveniente de un buen criadero en el que los perros reproductores (y en los casos correspondientes, los cachorros) hayan sido sometidos a todas las pruebas genéticas necesarias y recomendadas para la raza. Las enfermedades a prevenir son la displasia de la cadera, la atrofia progresiva de la retina, la anomalía del ojo de collie, la lipofuscinosis ceroidea y la epilepsia. Los criadores, por lo menos los que viven en Estados Unidos, deben tener documentación que confirme que sus perros están inscritos en la Fundación Ortopédica para Animales (Orthopedic Foundation for Animals, OFA) y en la Fundación para el Registro del Ojo Canino (Canine Eye Registration Foundation, CERF), a fin de que puedan demostrar que han sido examinados con el objeto de corroborar que sus caderas y ojos están sanos. Un buen criador no reproduciría nunca con un perro que padezca (o porte) cualquier desorden de tipo hereditario y será honesto a la hora de hablar de estos y otros problemas presentes en la raza y en su línea.

Los posibles compradores de cachorros deben tener presente en todo momento que hay muchos y variados tipos de criadores: algunos ponen en primer lugar los intereses de la raza, pero otros son menos entusiastas con esto. El que elija, además de criar los perros que admira, debe tener una ética de crianza afín a la suya. Es lamentable decirlo, pero en todas las razas hay gente que sólo las cría por dinero, y esta es, precisamente, la que hay que evitar. Los que crían con ánimo de lucro suelen producir cachorros en masa sin tener en cuenta su salud, su temperamento o sus habilidades para el trabajo, lo que acaba ocasionando problemas y perjudicando a los futuros dueños. Por eso es tan importante que conozca a los criadores, que se informe sobre ellos y que obtenga el cachorro de manos de los mismos; es esencial conocer todo lo posible sobre los antecedentes del perro y sobre la forma en que se ha criado.

Así como desea usted asegurarse de adquirir un cachorro sano y de calidad, el buen criador tiene también cosas que comprobar a su vez, por lo que tendrá muchas preguntas que hacerle. Si usted fuera él, ¿no le gustaría saber exactamente a dónde irán todos y cada uno de sus cachorros, los cuales ha criado con tanto esmero?

**Cuando todos los cachorros son tan monos, es difícil escoger. Confíe en sus propias observaciones y en el sabio consejo del criador a la hora de elegir al que más le conviene.**

Hay muchos criadores buenos y, si indaga con esmero, acabará encontrando uno. Recibir consejos personales de fuentes fiables, como el club especializado, alguna persona activa en la raza o incluso el veterinario, resulta tal vez la vía ideal, pero aun así debe verificar que ese criador cuida sus perros como usted espera. Confirme también que este comprende la raza en profundidad y que ha considerado escrupulosamente cada cruce, teniendo en cuenta no sólo los pedigríes, sino la salud y el temperamento de los perros.

Puede que la persona elegida críe dentro de la casa, en cuyo caso los cachorros habrán crecido en un ambiente hogareño y se habrán familiarizado con los ruidos y actividades diarias propias de los humanos. Pero puede que se trate de un gran criadero y que la camada haya crecido en una jaula. Siendo así, el buen criador le dedicará gran atención y se ocupará de socializar a los perritos, con los que estará siempre en estrecho contacto; eso quiere decir que los habrá expuesto a diversos escenarios, sonidos y visitas de extraños. De hecho, algunos de los más grandes criaderos procuran que sus camadas se desarrollen en ambientes hogareños; en mi opinión personal, es infinitamente mejor que hacerlo en una jaula. No obstante, eso puede depender de si el criadero es de perros de exposición o de trabajo.

**He aquí su recompensa por encontrar un buen criador cuando llegue el momento de conocer a los cachorros: ¡besos caninos a mares!**

Mas, al margen del tamaño mayor o menor del criadero, lo que importa es que los cachorros se hayan criado en condiciones adecuadas y que estén bien atendidos en instalaciones limpias y apropiadas; todos deben estar en estado óptimo y tener un temperamento correcto. Los cachorros de Border Collie son, por naturaleza, alegres y confiados.

El criador debería estar plenamente dispuesto a mostrarle

la perra, y sería aconsejable que se fijara en su carácter y en cómo se relaciona con sus pequeños. Si no está a la vista, póngase en guardia, porque ello puede indicar que el cachorro no nació en aquel lugar y fue traído para la venta. Si tal es el caso, váyase y siga buscando.

En cuanto al macho, puede no estar presente por pertenecer a otra persona. Los criadores suelen recorrer grandes distancias para que un semental determinado cubra a su perra; y también los dueños de los machos suelen enviarlos temporalmente a otros criadores para que los usen como sementales. Si el perro no está en el criadero y está tratando con un buen criador, este tendrá mucha información y documentación sobre él, incluyendo el pedigrí, fotos y certificados de salud.

Cuando se ha elegido bien al criador es posible recibir de él muchas recomendaciones útiles acerca de los cuidados del cachorro, sobre todo consejos sobre la alimentación. Algunos dan incluso un poco de comida a los nuevos dueños en el momento de llevarse a sus perritos para que puedan seguir con la misma dieta por lo menos en los primeros días. El criador debe siempre entregar instrucciones escritas a los nuevos propietarios sobre la frecuencia,

**¡Seguir al líder! A tan temprana edad los cachorros quieren estar siempre cerca de su madre porque ella es su maestra en todo.**

Conozca a los Border Collie adultos del criadero. Deben estar sanos, ser sociables y equilibrados y dar una impresión favorable sobre la dedicación del criador a ellos y a la raza.

el tipo y la cantidad de alimento que le ha estado dando a la camada. Sería muy provechoso que pudiera aconsejarles además acerca de los cambios de dieta correspondientes a cada etapa del crecimiento.

El criador también deberá informarle sobre las vacunas y antiparasitarios que se le han administrado al cachorro; en el momento de la venta, debe entregarle toda la documentación médica del perro. Los buenos criadores suelen tener contratos de venta, los cuales ofrecen garantías sanitarias durante cierto periodo de tiempo. Puede que su criador le proporcione incluso un seguro temporal para el cachorro, que usted decidirá luego mantener o no.

## SELECCIÓN DEL CRIADOR

### Resumen

- Lo primero, antes de ver cachorros, es investigar y encontrar un criador reputado. Dependiendo de la clase de Border Collie que desee, alguno de los diferentes clubes nacionales podría guiarle en la dirección apropiada.
- Lo que debe buscar en un criador es que tenga los cachorros en zonas limpias, que pueda mostrarle certificados de salud, que se ocupe de socializar a los perros, que todos estén sanos y tengan temperamentos correctos, etcétera.
- Así como usted tiene grandes expectativas en relación con el criador, él también las tiene con respecto a los futuros dueños de sus cachorros. Así que prepárese para contestar muchas preguntas, porque de sus respuestas él deducirá si usted va a ser el amo adecuado.
- Debería conocer a los dos progenitores de la camada, aunque puede que el macho no esté en el criadero.

**Da lo mismo si va a conocer a una camada de cachorros de Border Collie en una granja de labor o en un criadero de perros de exposición, pues es casi seguro que se enamorará ia primera vista!**

Si ha hecho una buena elección del criador y encuentra que madre e hijos están en excelentes condiciones de salud e higiene, le será aún más difícil resistir la tentación de llevarse uno en ese preciso instante. Pero es todavía mejor si ya se ha compenetrado con el criador, porque continuará en contacto con él mientras crezca el cachorro y, probablemente, durante toda la vida de su Border Collie.

¿Qué debe buscar en una camada? Cachorros sanos que le impresionen por su limpieza, sin señal de secreciones nasales u oculares, con traseros impolutos donde no se aprecie el más leve rastro de diarreas. Aunque tengan las uñas afiladas, como cualquier perrito de esa edad, no serán

Aunque resulta difícil resistirse al primer cachorro que lo mira a uno con esa expresión de «escógeme a mí», investigue y dese la oportunidad de tomar una decisión sabia y no apresurada.

demasiado largas, indicación de que el criador se las ha recortado.

Deben tener el pelaje en óptimas condiciones, nada pegajoso y sin parásitos. Aunque los piojos y las pulgas no son fáciles de ver, se puede deducir su presencia porque el perro se rasca o presenta sarpullido. De todas formas el rascado no es siempre indicio de parasitismo o de problemas en la piel, ya que puede estar asociado a la dentición. En este caso, el cachorro sólo se rascará alrededor de la cabeza, y eso hasta que le salgan los dientes permanentes, porque cuando las encías ya no le duelen, deja de hacerlo.

El hecho de rascarse también puede estar relacionado con una infección en los oídos; compruébelo mirándole el interior de las orejas para ver si tienen cerumen o huelen mal. Por supuesto, un buen criador se habrá cerciorado de que los cachorros están sanos mediante un examen veterinario antes de ponerlos a la venta. En este sentido, todos deben estarlo y no sólo el que usted esté pensando en adquirir.

**Al margen de cualquier preferencia personal, el color y el patrón son aspectos de poca importancia cuando se trata de escoger un cachorro.**

**Los cachorros sanos son inconfundibles. ¿Quién no estaría impresionado con este paquete de maravillas caninas?**

Ya hemos mencionado algunos de los análisis médicos que se les deben haber hecho previamente a los progenitores de la camada con el objeto de descartar enfermedades de origen hereditario. Usted debería preguntar por los certificados veterinarios que lo acreditan y por cualquier documento sanitario que refleje las pruebas realizadas a los cachorros. No es suficiente que se vean sanos; usted tiene que ver el resultado de esos exámenes (por ejemplo, el que se hace para comprobar si presentan enfermedades oculares prematuras) y los documentos que atestiguan el buen estado de salud de los padres.

**Una camada bien criada recibe nutrición adecuada y buena educación de su madre, además de la salud y excelencia de ambos progenitores.**

Cuando haya comprobado de forma fehaciente el estado de salud de la camada, empezará la parte divertida: ¡escoger el cachorro! Observar a los perritos no sólo resulta entretenido sino también aleccionador por lo que se aprende sobre la personalidad de cada uno de ellos. La mayoría de los Border Collie cachorros son extrovertidos y alegres, así que no se compadezca del súper tímido que se esconde en un rincón. Tómese su tiempo para observarlos a todos y ver cómo se relacionan entre sí, con el criador y con usted mismo. No cabe duda de que habrá uno que le parecerá más atractivo; a veces da la impresión de que ¡es el cachorro el que lo escoge a uno! Además, como el criador los conoce tan bien, podrá guiarlo con buen tino hacia aquel que es más afín a su personalidad y estilo de vida.

El perrito que esté pensando adquirir debe disfrutar a las claras de su compañía siempre que vaya a visitarlo porque eso favorece que se forme entre ustedes un vínculo duradero. De igual modo, es deseable que el cachorro establezca lazos afectivos con todos los miembros de su nueva familia, y viceversa. Si es posible llévelos a ver la camada, sobre todo a aquellos que pasarán más tiempo con él en casa.

**A la hora de elegir un cachorro, tenga presente sus expectativas sobre el Border Collie cuando sea adulto.**

Es esencial que todos y cada uno estén de acuerdo con la importante decisión que está a punto de tomar, porque un perro nuevo comportará cambios inevitables en sus vidas.

A estas alturas del juego, cuando está a punto de adquirir un cachorro, ya tiene que haberse informado ampliamente sobre la raza, lo que no quiere decir que no le haga falta seguir aprendiendo cuando lleve el perro a casa. Recuerde que el criador debe sentirse complacido de poder asesorarle durante toda la vida de su Border Collie. Los clubes especializados son también 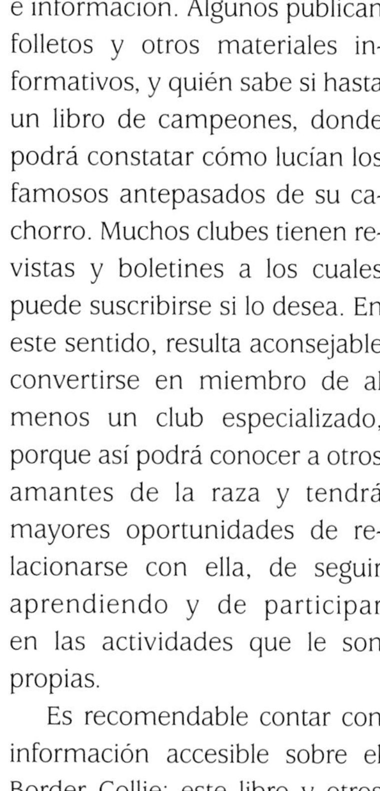 una fuente importante de ayuda e información. Algunos publican folletos y otros materiales informativos, y quién sabe si hasta un libro de campeones, donde podrá constatar cómo lucían los famosos antepasados de su cachorro. Muchos clubes tienen revistas y boletines a los cuales puede suscribirse si lo desea. En este sentido, resulta aconsejable convertirse en miembro de al menos un club especializado, porque así podrá conocer a otros amantes de la raza y tendrá mayores oportunidades de relacionarse con ella, de seguir aprendiendo y de participar en las actividades que le son propias.

Es recomendable contar con información accesible sobre el Border Collie; este libro y otros parecidos deben formar parte de su biblioteca especializada. Por supuesto que Internet ofrece un considerable caudal de datos acerca de esta raza y de los perros en general. Aun así, debo decirle que no puede dar crédito a todo lo que lea. En estos días, cualquiera tiene la posibilidad de crear un sitio de Internet y escribir allí lo que le plazca, incluso sin

**A ojos vistas, el cachorro que seleccione debe verse limpio, sano y rebosante de vitalidad.**

**La parte divertida del proceso de escoger un cachorro es encontrarse e interactuar con este burbujeante puñado de bebés border.**

tener el necesario conocimiento para hacerlo. Verifique la fuente de información que encuentre en la red; más seguros son los sitios de Internet de los clubes especializados y sus vínculos.

## ELEGIR EL CACHORRO ADECUADO

### Resumen

- Cuando vaya al criadero a ver la camada preste atención al entorno donde se encuentran los cachorros así como al estado general de todos los perros.
- Pregunte por los certificados veterinarios que acreditan la salud de los progenitores de la camada y si existe alguno que tenga que ver con exámenes hechos a los cachorros.
- Diviértase mientras se relaciona con los perritos y se familiariza con sus personalidades individuales. Para encontrar el cachorro que más encaja con usted déjese llevar por su intuición y por los consejos del criador.
- Prosiga informándose acerca del Border Collie mediante lecturas, navegando por Internet, hablando con los aficionados a la raza y, por qué no, haciéndose miembro de un club especializado.

CAPÍTULO
6

# Llegada a casa del cachorro



## Pronto llegará el gran día... y apuesto a ¡que ya no puede con la espera!

¿Es consciente de que pronto recibirá en su hogar un pequeño fardo de dinamita?

### Convertir la vivienda en un lugar seguro

Alrededor de las ocho semanas de vida –edad que tendrá cuando llegue a sus manos– el Border Collie es todavía pequeño, pero también lo suficientemente grande y activo como para cometer un sinnúmero de travesuras. Es esencial que usted sea capaz de adelantársele y, para ello, antes de traerlo debe hacer de su casa un lugar «a prueba de cachorros», es decir, un lugar donde el perro no corra riesgos y tampoco tenga la posibilidad de dañar sus muebles y la propia vivienda.

¡El día que lo lleve a casa su cachorro estará tan emocionado como usted mismo!

En primer lugar tendrá que decidir en qué habitaciones podrá entrar el cachorro. Luego, deberá asegurarse de que no haya en ellas nada peligroso que quede a su alcance, teniendo presente que a medida que crezca podrá alcanzar objetos más altos. Los Border Collie son activos, y cuando son cachorros, muy curiosos. Los objetos de la casa podrán parecerle a usted bastante inofensivos, pero un tapete colgando de una mesilla llena de adornos delicados es tentar al diablo. Aún más peligrosos para el travieso perrito son los cables eléctricos; asegúrese de ponerlos fuera de su radio de acción y de sus dientes. Sus afilados dientecillos pueden atravesarlo casi todo con suma facilidad y causar un accidente mortal. Con los productos de limpieza y de jardinería también hay que tomar precauciones porque muchos contienen sustancias venenosas; por favor, téngalos bien guardados en un lugar donde el perro no pueda alcanzarlos.

Para evitarle al cachorro posibles daños y a la casa y sus bienes inevitables mordeduras, puede valerse de una valla para bebés colocada en el lugar clave. ¡Con ella también mantendrá a salvo su cordura! Le aconseja-

**Va a necesitar recipientes resistentes para el agua y la comida y un buen alimento para cachorros, por lo general de la misma marca del que le estaba dando el criador a la camada.**

**El día de su llegada, el cachorro deja atrás la habitual relación con su parentela canina para convertirse en parte de la familia de su dueño, de ahí en adelante, su nueva manada humana.**

mos que confine al perro en una zona con suelo de baldosas, sin alfombras, un suelo cuya superficie se pueda limpiar sin dificultad; ese espacio también debe tener acceso a la puerta del patio o a la que usa el cachorro para salir al exterior cuando va a hacer sus necesidades. Confinado en lugar seguro, donde no pueda causar estragos ni destrucción, pronto aprenderá la rutina de evacuar, mordisqueará juguetes y no objetos hogareños y se ahorrará correctivos innecesarios por las pillerías propias de su edad.

Confinado no quiere decir, sin embargo, exento de vigilancia. Los cachorros de Border Collie se aburren fácilmente y suelen entretenerse intentando escaparse y mordiendo cualquier cosa que encuentren en los alrededores... Sí, eso incluye alfombras, muebles, armarios, etcétera. Si no puede vigilarlo, métalo en la jaula.

Y ya que hablamos de «artistas de la fuga», detengámonos en la manera de acondicionar las zonas exteriores para evitar esta clase de riesgos. Debido al tedio, o si sospechan que hay algo interesante del otro lado de la cerca, los Border Collie pueden intentar escaparse de un patio tapiado. Como son ágiles

El Border Collie es un perro que necesita estímulo mental. Si le falta, encontrará la manera de divertirse, lo que probablemente ¡no será igual de divertido para usted!

y atléticos, no es un problema para ellos saltar por encima de una valla de 1,80 m de altura. Le recomendamos una de altura superior bien asentada en el suelo –por lo menos a 30 cm de profundidad– para impedir que el perro excave por debajo; cuando un Border Collie está decidido a evadirse, puede llegar a morder el cercado y perforarlo. También es un animal muy avispado en lo que respecta a abrir portones y cerrojos, así que tome medidas en este sentido.

Dejar un perro de esta raza suelto en un espacio cerrado no supone suficiente ejercicio para él, ya que necesita desafíos. Si se queda solo, puede aburrirse y concentrar su atención en procurarse algo que hacer.

**La aguda inteligencia de esta raza puede observarse en su expresión, incluso en cachorros de corta edad.**

## Accesorios para el cachorro

Antes de traer al perro a casa, debe tener a mano los artículos necesarios. Cuando llegue el día señalado, tendrá el placer de comprobar que ha conseguido prepararlo todo lo mejor posible. Si tiene niños, ya les habrá enseñado la manera correcta de comportarse con su nuevo compañero. Les habrá explicado que este perro pertenece a una raza de pastoreo y que, debido a su arraigado comportamiento instintivo, hay ciertas reglas que es imprescindible respetar.

Es probable que viva cerca de algún gran establecimiento de productos para mascotas o de un buen comercio independiente. Los empleados de este tipo de tienda pueden ayudarle a encontrar lo que necesita y brindarle asesoramiento eficaz. El criador también podría recomendarle los artículos a adquirir basándose en lo que a él mismo le ha resultado útil con sus perros. Aparte de lo básico, existen toda clase de accesorios caninos divertidos. Eso sin contar que en las exposiciones caninas de cierta magnitud suele haber una gran variedad de mostradores comerciales con tal cantidad de artículos que es posible suplir casi cualquier necesidad (y capricho); quedará abrumado por no saber qué elegir.

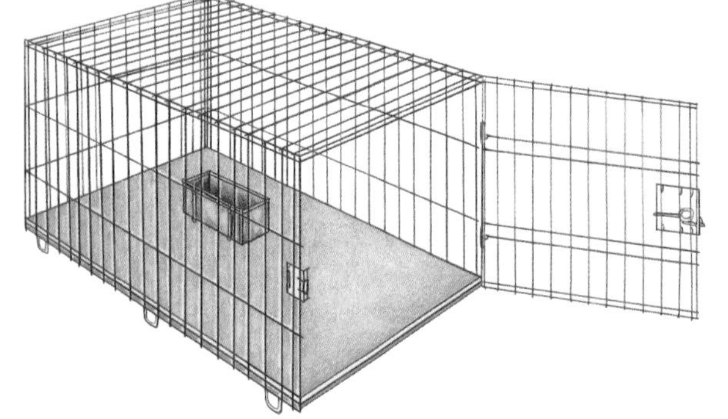

**Una jaula metálica proporciona al cachorro buena vista, ventilación y sensación de seguridad.**

Es ineludible adquirir ciertos accesorios para el acicalado. En el caso del cachorro, bastará con un buen peine y un cepillo de cerdas naturales o, tal vez, una rasqueta. El guante de acicalado o, como también se le llama, «guante para perros», puede resultarle útil, sobre todo si el animal es de pelo corto. Hay que comprarle un cortaúñas y un cepillo dental –caninos– y almohadillas de algodón para limpiarle ojos y orejas. En la tienda para mascotas o en el veterinario puede adquirir algún producto para el aseo de los oídos y otro para eliminar las manchas que dejan las lágrimas en torno a los ojos.

Tendrá que tomar una decisión importante y sostenerla de por vida: el lugar donde dormirá el cachorro. Indudablemente, la mayor parte de los criadores y entrenadores recomendarían que fuera en su jaula o caseta, así que debería acostumbrarlo a dormir en ella. Resulta la herramienta más valiosa para impartirle la educación básica, y llegará a ser su lugar favorito porque allí se sentirá seguro. Hay tres tipos de jaulas: las de alambre, las de malla y las más familiares de fibra de vidrio o plástico, que se usan para los viajes aéreos. Las dos primeras tienen mejor ventilación y permiten al animal una visión más amplia, además de que algunas pueden plegarse y llevarse en forma de maleta. Las de malla o mimbre pueden resultar peligrosas para los cachorros dados a mordisquear y excavar. Las que se usan en los aviones son las mejores para viajar.

Cualquiera que sea el tipo elegido, debe adquirir una caseta que le sirva a su perro cuando sea adulto: de alrededor de 1,30 m de largo por 1 m de ancho y, por lo menos, 1,10 m de alto. No compre una que sólo le sirva para la etapa de cachorro. Su Border Collie crecerá rápido y pronto la jaula no le servirá para nada. Mientras sea pequeño, puede usar un panel divisorio extraíble para dividirle la caseta en dos y limitarlo a un espacio menor, espacio que irá ampliando a medida que crezca. La zona reducida le ayudará en la educación de sus hábitos de desahogo; además, lo que se quiere es que el cachorro se sienta abrigado en su madriguera ¡y no perdido! Las jaulas pueden encontrarse en la mayoría de las tiendas para mascotas y

**Puede que el criador haya acostumbrado a la camada a permanecer en la caseta por breves periodos de tiempo. Si es así, su cachorro estará familiarizado con la experiencia. Pregúntele al respecto al criador.**

consultando catálogos de artículos caninos.

En las dos o tres primeras noches es natural que el recién llegado se muestre intranquilo. En ese caso, valore la posibilidad de trasladar la jaula del cachorro a su dormitorio, pero sin compadecerse de él hasta el extremo de permitirle subirse a la cama con usted, porque entonces creerá que siempre va a ser así. Acomode el interior de la caseta con un almohadón suave y un cobertor confortable para que el perro descanse lo más cómodamente posible.

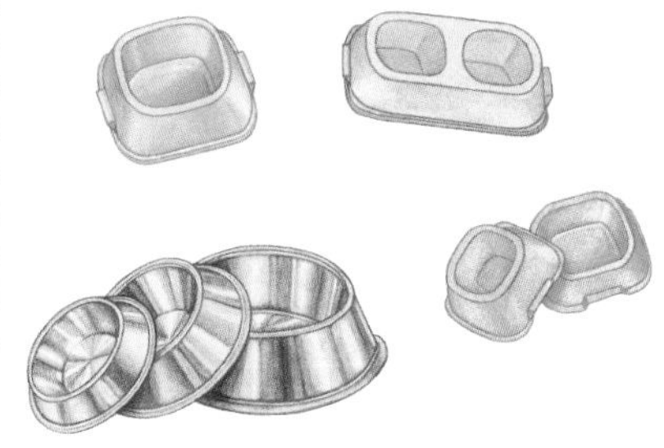

**Al Border Collie cómprele recipientes fuertes, fáciles de lavar y capaces de soportar las constantes mordidas del cachorro.**

Además de la jaula puede que le interese comprar un lecho para perros. Sin embargo, como aquella es la que funciona mejor para la educación básica, puede esperar a que el Border Collie tenga más edad y ya esté adiestrado. Las camas de mimbre quedan preciosas, pero resultan peligrosas para los cachorros porque, inevitablemente, las morderán y entonces correrán varios riesgos: tragarse los agudos fragmentos del material, lesionarse los ojos con ellos o que se les enreden en el pelo. Es aconsejable, pues, adquirir un lecho más duradero que pueda fregar o limpiar con un paño y ponerlo con una colchoneta suave –también lavable–. «Lavable» es la palabra clave tratándose de la ropa de cama del perro: cojines, almohadones, cobertores, etcétera, porque él puede orinarse o defecarse en ellos y es esencial mantenérselos siempre limpios y secos. Tanto la caseta como el lecho deben colocarse lejos de las corrientes de aire y en lugares donde los aparatos de calefacción y los de aire acondicionado no se dirijan sobre ellos.

También habrá que comprar recipientes duraderos para el agua y la comida, elaborados con un material resistente a los mordiscos, fáciles de lavar y lo suficientemente pesados para que el cachorro no los pueda volcar. Mas, ¿qué podemos servirle en el plato de comida? Pues un buen alimento, adecuado para su edad y la raza. Una buena comida para cachorros –que probablemente será, al principio, la misma que le daba el criador– favorecerá la primera etapa de crecimiento del perro tanto como su salud a largo plazo. Hablaremos con mayor amplitud de la nutrición canina en un capítulo posterior.

El cachorro de Border Collie debe tener un collar ajustable, que no se le quede pequeño cuando vaya creciendo. Los ligeros, de nilón, son los más funcionales para cachorros y adultos. Póngaselo el mismo día de su llegada a casa para que se acostumbre a él. Necesitará, además, una chapita de identidad para adjuntar al collar de uso diario. En ella pondrá sus datos personales: nombre, dirección y número de teléfono, pero nunca el nombre del perro, porque entonces cualquier extraño podría llamarlo. Algunos propietarios incluyen una nota que dice: «este perro necesita medicación», con la esperanza de que, en caso de pérdida o robo, les sea devuelto con la mayor prontitud posible. Enganche la chapita al collar con una argolla redonda (como las que se usan en los llaveros), porque las que tienen forma de «S» se enredan en las alfombras y se sueltan con facilidad.

**He aquí tres tipos de collares; de izquierda a derecha: el tradicional, de hebilla; la pechera; y el collar de estrangulación. El primero es justo lo que el cachorro necesita. Pida consejo a cualquier criador o a un adiestrador antes de escoger el tipo de collar.**

Por conveniencia y por la seguridad de su cachorro, debe tener en casa por lo menos dos tipos diferentes de correa. Una delgada, de piel o de nilón tejido, de dos metros de longitud funciona mejor para los paseos, para ir a la guardería de cachorros y para las sesiones de adiestramiento en casa. El otro tipo es la extensible. Se trata de un tipo de correa que, como su nombre indica, puede extenderse y que se enrolla o desenrolla dentro de un estuche manual por medio de un botón. Cuando el cachorro esté acostumbrado a caminar con el arreo tradicional, el extensible le será útil para que haga ejercicio y para cuando crezca. Pueden conseguirse correas retráctiles de diferentes medidas, desde dos metros y medio hasta siete u ocho, y de tallas diferentes según el tamaño del perro. Cuanto más larga, mejor, porque podrá correr y olfatear a su antojo, lejos de usted. La correa extensible es muy ventajosa para pasear al Border Collie en zonas no cercadas o cuando esté de viaje con él.

El perro debe contar, de igual modo, con un surtido de juguetes inocentes. Cuando está mudando los dientes es mejor que sus energías bucales se concentren en artículos hechos para morder y no en sus zapatos, las patas de la mesa, etcétera. A los perritos suelen gustarles los muñecos de peluche, porque en ellos pueden hundir sus doloridos dientes y encías. Muchos se acurrucan con ellos como lo harían con sus hermanos de camada. Pero estos muñecos se destruyen con facilidad y debe tirarlos tan pronto empiecen a romperse. Tenga también cuidado con los botones, ojales o cualquier otro elemento pequeño que pueda desprenderse del juguete y que el perro pueda tragarse.

**El disco volador no puede faltar en la caja de juguetes del Border Collie.**

Los artículos para mordisquear, siempre que sean seguros para el perro, son indispensables si usted, como dueño, espera encaminar las necesidades bucales de su Border Collie hacia objetos aceptables. Los huesos de goma y los de nilón, fuertes, que vienen en diferentes tamaños para ajustarse a la edad del perro, son excelentes opciones. Los zapatos viejos, los calcetines y las zapatillas están fuera de toda consideración, porque ni el más listo de los cachorros puede distinguir entre la pantufla gastada, que le permiten mordisquear, y los mocasines de piel italianos recién estrenados. He aquí una regla importante: no le dé más de dos o tres juguetes a la vez. Si le sirve una «mesa sueca» de muñecos, pronto se aburrirá de todos y buscará otra cosa que morder.

## Trabar amistades

Al traer el cachorro a casa, es lógico que se sienta orgulloso y desee mostrárselo a sus amigos. Pero él está experimentando un gran cambio en su breve vida y lo mejor es dejarlo tranquilo los dos o tres primeros días, con usted y sus familiares. Cuando haya empezado a adaptarse al nuevo entorno, podrá presentárselo a mucha gente y llevarlo a lugares desconocidos. Si tiene niños o vienen de visita, no los deje solos y desatendidos en compañía del cachorro. Como los pequeños suelen sentirse atraídos por el colorido y el suave pelaje del Border Collie, podrían pelearse por cogerlo y lastimar al animal aun sin proponérselo.

Los contactos entre las mascotas que puedan tener otros miembros de su familia y el nuevo perro deben ser graduales y muy supervisados. La mayoría de los Border Collie se

**Debe enganchar la chapita de identidad en el collar de uso diario del Border Collie con sus datos personales de localización. ¡Nunca debe salir de casa sin eso!**

llevan bien con otros animales, pero es mejor ser precavido hasta estar convencido de que todos van a ser buenos amigos.

El grado de socialización que ofrezca a su cachorro durante las primeras semanas de vida en común, o sea, el contacto que le permita tener con personas, animales, experiencias, sonidos, etcétera, nuevos para él, ejercerá gran influencia en su estabilidad y equilibrio futuros. Las investigaciones llevadas a cabo en este sentido han demostrado que los perros que no han sido debidamente socializados acaban siendo inseguros, asustadizos y temerosos de la gente, de los niños y de los lugares extraños. Muchos, por miedo, se tornan mordedores o agresivos con sus congéneres, con los desconocidos e, incluso, con los miembros de la familia, todo ello es peligroso.

**No le faltará alegría por haber dado entrada en su vida a esta maravillosa raza.**

El periodo inicial de socialización canina tiene lugar en las primeras veinte semanas de vida. Una vez haya dispuesto de varios días para adaptarse a la casa, usted podrá dar paso a la relación de su cachorro con los niños, con personas desconocidas y con otros perros; a esta edad esas experiencias son esenciales. Llévelo a sitios diferentes (donde no se rechace su presencia, por supuesto) como parques o tiendas para mascotas, con mucha gente y, por lo general, también con perros. Póngase como meta llevarlo a conocer dos lugares nuevos cada semana durante los próximos dos meses. Con el objeto de crear una actitud positiva en futuros encuentros, procure que estas vivencias sean interesantes y agradables. El concepto «positivo» es particularmente importante cuando se trata de ir al veterinario. A usted no le gustaría que su cachorro temblara de miedo cada vez que entre en la consulta del veterinario. Asegúrese de que este sea, además de buen profesional, amante de los perros.

Tal vez desee matricular al Border Collie en un cursillo de

adiestramiento para cachorros. En algunos los aceptan desde las diez a doce semanas de edad si ya tienen puesta la primera dosis de vacunas. Cuanto más joven el perro, más fácil es formarle patrones de buena conducta. En un buen cursillo aprenderá etiqueta social canina en lugar de rígidas habilidades de obediencia, conocerá a perros jóvenes de otras razas, jugará con ellos y trabará relación con sus dueños, mientras que usted aprenderá técnicas de adiestramiento. Los cursillos son tan importantes para los dueños noveles como para los experimentados.

Recuerde: hay una relación directa entre la calidad y cantidad de tiempo que dedique al cachorro durante las primeras veinte semanas de su vida y el carácter que tendrá cuando sea adulto. Es imposible recuperar esa valiosa etapa de aprendizaje, así que aprovéchela al máximo.

## LLEGADA A CASA DEL CACHORRO

### Resumen

- Antes de traer el cachorro tendrá que acomodar la casa para eliminar riesgos potenciales, como objetos con los que pueda lastimarse, productos químicos dañinos, etcétera.
- Por la seguridad de su cachorro y de los muebles de la casa, confínelo en una zona determinada con la ayuda de vallas para bebés o de una jaula.
- Compruebe que su patio es un lugar seguro para el perro: sin herramientas ni fertilizantes y cercado con una valla resistente a prueba de fugas.
- Los artículos que debe adquirir para el cachorro son: una caseta, esteras o colchonetas para prepararle un lecho, recipientes, alimento, collar y correa, chapita de identidad, equipo de acicalado y juguetes inofensivos para mordisquear.
- Tómeselo con calma los primeros días de estancia del cachorro en casa. Cuando esté listo para iniciar la socialización, póngalo en contacto con experiencias positivas. Además, valore matricularse en un cursillo para cachorros.

**Cualquier Border Collie puede ensuciarse bastante si sale al exterior en condiciones de mal tiempo, pero la mayoría de ellos gustan de la limpieza.**

Aun así, es usted quien tiene que adiestrarlo para que haga sus necesidades en el lugar correcto. A medida que pasen los días y semanas y ambos vayan conociéndose mejor, usted será capaz de detectar cuándo necesita salir a hacer sus necesidades y el perro llegará a dominar la rutina y el programa del hogar. También es ese el momento de enseñarle qué espera y qué no espera de él. Para educarle en las normas higiénicas o impartirle cualquier otro tipo de adiestramiento con buenos resultados ha de ser firme pero nunca áspero y bajo ningún concepto castigarlo físicamente.

**Aunque dé trabajo al principio, una vez el perro ha recibido la educación básica, será sólo cuestión de rutina que haga sus necesidades fisiológicas en el lugar adecuado.**

Puede que el perro ya haya recibido algún tipo de educación básica antes de llegar a su casa, al menos, hasta cierto punto. Mas no importa lo que haya aprendido con el criador, porque su vivienda es completamente diferente de la de él, así que tendrá que enseñarle las reglas de su propio hogar. Las puertas no están en los mismos lugares y la familia puede que se levante y se acueste a otras horas, por lo que es lógico suponer que el cachorro necesitará tiempo para aprender y adaptarse a las nuevas condiciones.

La rapidez con que logre educarlo dependerá, en cierta medida, de su programa cotidiano, de las condiciones de vida y de la estación del año. La mayoría de los perritos salen con gusto de la casa en tiempo seco, pero cuando llueve fuerte algunos requieren más estímulo para hacerlo. En general, el Border Collie es un perro preparado para cualquier condición climática, así que es posible que al suyo no le importen las inclemencias del tiempo... y quizás ¡hasta las disfrute!

Enseñarle a hacer sus necesidades sobre papel de periódico resulta útil en la etapa inicial, aunque la meta es adiestrarlo

**En los primeros momentos del adiestramiento, el papel de periódico puede ayudar, pero, a fin de cuentas, lo que se quiere es que el perro aprenda a evacuar fuera de la casa.**

**Los cachorros aprenden a localizar la zona escogida para hacer sus necesidades gracias al olfato.**

para que lo haga fuera de la casa. El periódico debe colocarse cerca de la puerta, porque así él aprende a asociarlo con salir al gran mundo exterior. Cada vez que el perrito use el papel como retrete, alábelo. Obviamente, lo ideal es sacarlo enseguida que dé señales de querer defecar u orinar, pero eso depende de si su vivienda tiene acceso directo a una zona exterior. Como dueño de un Border Collie sería bueno que tuviera un patio cercado, ya que no es una raza recomendada para vivir en un piso.

Las sesiones de ejercicio vigoroso pueden modificar en el perro sus costumbres habituales de alivio corporal porque la actividad física promueve la necesidad de evacuar; eso sin contar que cuando se ejercita bebe mayor cantidad de agua. Todo lo que entra ¡tiene que salir!

Decimos «sacarlo» en lugar de «dejarlo salir» porque, en la primera etapa, es usted quien debe conducir al cachorro con la correa puesta hacia el lugar del patio que haya elegido para que haga sus necesidades. Así es como aprende a localizar ese sitio. El olfato lo atraerá al mismo punto y con el tiempo llegará a ir solo; será entonces cuando usted empezará a «dejarlo salir» al patio cercado para hacer sus necesidades.

A medida que el perrito madure, «pedir» que lo dejen salir se irá convirtiendo en algo natural, por lo que es raro encontrar un Border Collie que ensucie la casa ex profeso. Claro que con un semental la cosa puede ser diferente, ya que es posible que se dedique a marcar el territorio orinando en las patas de la mesa o de las sillas.

Recuerde que los cachorros necesitan evacuar con mucha mayor frecuencia que los perros adultos: inmediatamente después de despertarse y de comer. De hecho, no es mala idea sacarlos cada hora si están despiertos. Es una medida previsora que evitará incidentes y facilitará que el perro haga sus necesidades con cierta frecuencia en el lugar indicado (lo que también le refuerza dónde se encuentra ese lugar). Mantenga los ojos y oídos bien alerta porque un cachorrillo no es capaz de aguardar los dos o tres minutos que usted necesita para llevarlo fuera. Si tarda, se orinará o defecará, ¡así que esté al tanto!

**Adiestramiento con correa y educación básica deben ir de la mano, porque será al salir a hacer sus necesidades cuando el cachorro experimente sus primeros contactos con la correa.**

Ojo avizor con el cachorro. Las rutinas, la coherencia y comprender el lenguaje corporal del perro son factores clave para llevar la educación básica a feliz término. Los cachorros siempre «van al baño» cuando se despiertan (¡rápido, ahora!), escasos minutos después de comer o de pasar un rato jugando y tras periodos breves de confinamiento en la jaula o en una zona limitada por vallas. También debe estar al tanto de la cantidad de agua que toma. Use siempre la puerta de salida para llevarlo a hacer sus necesidades y trate de que la zona donde lo tiene confinado esté cerca de ella para que pueda encontrar la salida cuando lo requiera. Observe si anda olfateando, girando en círculos o dando alguna otra muestra de tener urgencia por evacuar. No le permita deambular suelto por la casa hasta que no esté completamente educado, pues ¿cómo va a encontrar la puerta de salida si tiene tres o cuatro habitaciones por el medio?

Las órdenes de una sola palabra son muy útiles. Mi favorita es «baño» y parece que funciona. Nunca, por motivo alguno, olvide elogiar a su perro cuando haya evacuado en el lugar correcto. Alábelo justo cuando está consumando el hecho. Si lo hace fuera de lugar, regáñelo verbalmente, pero sólo si lo sorprende en el acto; si no, será por gusto. Cuando se regaña a un perro después de haber hecho algo indeseable, él no entiende en qué consiste su falta y con el correctivo lo único que se consigue es confundirlo. Jamás le ponga la trufa (sea cachorro o adulto) en el orín o las heces, ni lo golpee con la mano, con un periódico o con cualquier otro objeto con el propósito de reñirlo. Él no lo comprenderá y el resultado será que le cogerá miedo.

Si el Border Collie se ha orinado o defecado en el sitio equivocado, lo que puede ocurrir en cualquier momento, es esencial limpiarlo todo enseguida con un producto elaborado especialmente para eliminar el olor a orín y heces de las mascotas. Los limpiadores comunes y corrientes del hogar no borrarán el olor y si el animal puede olerlo intentará hacer sus necesidades de nuevo en el mismo lugar.

Cuando el cachorro haya crecido lo suficiente para sacarlo a lugares públicos, lleve siempre una palita y un recogedor o, en su defecto, varias bolsas de plástico para recoger las heces. En todos los países hay grupos antiperros, así que, por favor, no dé motivos de queja.

## La jaula

Ya mencionamos que la jaula es la mejor herramienta para educar al Border Collie y ofrecerle seguridad. Recuerde que todos los perros tienen instintos de madriguera y eso facilita que se adapten de manera natural a la caseta. Como son animales intrínsecamente limpios, se esfuerzan por no ensuciar su «guarida» o espacio vital.

La jaula es, en verdad, un artículo multipropósito: el hogar propio del Border Collie dentro de la casa familiar; un recurso no represivo para impartirle la educación básica; el medio para proteger la casa y los bienes en ausencia del dueño; un lugar donde albergar y mantener a salvo al perro en caso de viajes (la mayoría de los hoteles los aceptan en sus jaulas); y, por último, un espacio acogedor donde puede quedarse cuando llegan de visita los familiares antiperro. Algunos criadores experimentados acostumbran los cachorros a la jaula desde muy temprano, pero lo más probable es que el suyo no haya tenido esta vivencia; de manera que está en sus manos garantizar que su primer contacto con la caseta sea agradable.

Póngalo en contacto con la jaula tan pronto como llegue a casa, así aprenderá que es su nuevo «hogar». Las golosinas le serán de mucha ayuda en esto. Durante los dos primeros días tire un bocado apetitoso minúsculo dentro de la caseta para inducirle a entrar. Escoja una orden para esta acción, algo así como: «caseta», «adentro» o «jaula», y úsela cada vez que él entre. También puede darle sus primeras comidas dentro de la jaula, si bien con la puerta abierta, a fin de que la asocie con una vivencia feliz. El cachorro debe dormir en la caseta desde la primera noche y, mientras usted está en casa, aproveche para ir incrementando el lapso de tiempo en que él permanece en ella; así se va acostumbrando y no la asociará con momentos de soledad. Para comenzar, póngalo dentro por periodos breves –unos pocos minutos– y repita el procedimiento varias veces al día para ir incrementando el tiempo en que se queda allí.

Al margen de sus numerosos beneficios, no puede abusarse de la jaula. Los cachorros

**Cada vez que saque al perro de la jaula dele la posibilidad de hacer sus necesidades.**

menores de tres meses no deben permanecer encerrados más de dos horas cada vez, a menos, claro, que estén durmiendo. Una regla general considera que tres horas es lo máximo para un cachorro de tres meses; cuatro o cinco, para uno de cuatro o cinco meses; y no más de seis horas, para todos los perros mayores de seis meses. Si usted no puede estar en casa para soltar al suyo, póngase de acuerdo con un pariente, vecino o cuidador de perros que lo deje salir a hacer un poco de ejercicio y hacer sus necesidades.

Por último, pero no por ello menos importante, he aquí una regla inviolable en el uso de la jaula: nunca, nunca, la use para castigar al perro. Si quiere obtener buenos resultados, el cachorro ha de considerarla como «su casa particular». Si la jaula representa castigo o algo semejante, se resistirá a considerarla como su propia y abrigada guarida. Claro que puede colocarlo en ella si no quiere que se le enrede en los pies mientras limpia la basura desparramada del cubo de basura que él ha volcado, pero no lo haga con una actitud iracunda o diciéndole: «¡A tu caseta, perro majadero!».

Si no se anima a usar la jaula, ¿qué podrá hacer con el cachorro suelto en la casa, cuando usted esté ausente? Limitarlo a una sola habitación usando vallas para bebés barreras a prueba de perros. Elimine de esa estancia todo lo que pueda morder o dañar o que pueda ser peligroso para él. Aun así, en un lugar vacío, a algunos cachorros les dará por morder paredes, alfombras, suelos de linóleo, etcétera. Unos cuantos juguetes inofensivos lo ayudarán a mantenerse contento mientras usted no está.

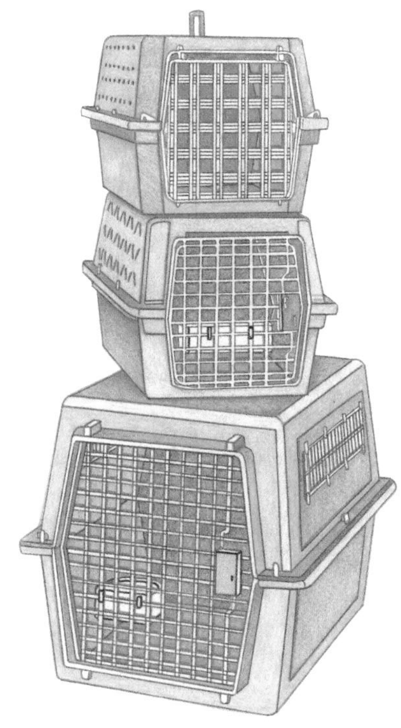

**Las sólidas jaulas de fibra de vidrio son las preferidas para los viajes, aunque también pueden usarse en casa. Pero lo más común en interiores son las jaulas de alambre, debido a que su construcción abierta permite que el perro se sienta parte de lo que lo rodea.**

Y lo más importante de todo: recuerde que el éxito de la educación básica radica en la constancia y la repetición. Mantenga un programa riguroso y use sus palabras clave coherentemente. Los dueños bien entrenados tienen cachorros bien educados... ¡y hogares limpios que huelen bien!

## PRIMERAS LECCIONES

### Resumen

- El éxito de la educación básica radica en establecer un programa y ser coherente y justo con el cachorro; esto se aplica para todo lo que tenga que ver con él.
- La manera más fácil de impartirle la educación básica es que el cachorro tenga un lugar para hacer sus necesidades dentro de un patio cercado. Al principio, usted lo llevará hasta allí con la correa puesta, pero finalmente lo dejará salir solo.
- Los cachorros necesitan evacuar con mucha mayor frecuencia que los perros adultos. Sepa cuándo es hora de sacar al suyo y aprenda a reconocer sus señales corporales.
- Prepárese, porque el cachorro evacuará de vez en cuando en lugares no apropiados, y no olvide que para regañarlo tiene que sorprenderlo en el acto. Nunca lo castigue después de ocurridos los hechos.
- El método de usar la jaula para impartir la educación básica, que muchos criadores y entrenadores hoy recomiendan, no sólo es de probada efectividad sino que se ha ido difundiendo en el mundo canino. La caseta tiene, además, muchos beneficios adicionales.

# Educación inicial

**El hecho mismo de haber escogido como compañero canino un Border Collie significa, seguramente, que a usted le gusta adiestrar perros.**

Al menos, ¡eso esperamos! Los de esta raza son alumnos entusiastas, pero es esencial que sea usted un buen profesor. Aunque aprenden rápido, adiestrarlos conlleva tiempo y dedicación; sépalo desde ahora.

Cuando el cachorro llegue a su casa, todo le resultará nuevo. No sabrá dónde está, a dónde puede ir o qué se espera de él. Sin los olores y sonidos familiares no tiene cómo orientarse y acudirá a usted para que lo guíe. Al establecerle las primeras reglas, el perro hará una especie de «borrón y cuenta nueva» y a partir de entonces no tendrá otra manera de aprender si usted no le enseña. La práctica recomienda premiarlo siempre que se comporte de manera positiva en lugar de castigarlo cuando cometa una falta.

**Lecciones firmes, justas y coherentes es todo lo que necesita el inteligente Border Collie para salir adelante.**

Hay que empezar por darle tiempo para que se acostumbre a su nueva «manada» y entorno. Dele su apoyo a fin de cimentar su confianza y no lo agobie con demasiadas caras nuevas los primeros días. Ya habrá numerosas oportunidades de presentárselo a otras personas en las semanas venideras. En el caso del Border Collie, es decisivo supervisar cuidadosamente la primera etapa de socialización porque, aunque esta raza puede mostrarse reservada con los extraños, hay que impedir que se convierta en un perro temeroso, tímido o agresivo.

Sin embargo, que usted debe tomarse con calma los primeros días de estancia del cachorro en casa. Podrán divertirse mucho juntos sin necesidad de salir pero, por favor, dele también la posibilidad de descansar. ¡Recuerde que es un bebé! Cuando quiera hacer un alto para reposar, se lo hará saber.

**Los integrantes de la familia en su totalidad pueden participar en el adiestramiento del cachorro, el cual mostrará cuánto aprecia a los buenos maestros.**

**Antes de enseñarle cualquier orden, debe acostumbrar al cachorro al collar y la correa.**

## Convertirse en el líder de la manada

Los Border Collie son perros listos. ¿Acaso no es esa una de las razones por las que usted ha escogido esta raza? A estos perros les encanta aprender y son fáciles de enseñar, pero la palabra clave es justamente esa: «enseñar». Los Border Collie no están preprogramados para ser obedientes. Por eso su trabajo, que ha de comenzar desde el primer día, será instruirlo en las reglas del hogar y las buenas costumbres.

Todos los perros son animales de manada y, como tales, necesitan un líder. El primer jefe de su Border Collie fue su madre; de ella y de sus hermanos provenían todas las lecciones. Cuando jugaba con demasiada rudeza o mordía muy fuerte, sus hermanos lloraban y dejaban de retozar con él. Cuando se comportaba de manera prepotente u ofensiva, su madre le daba un suave manotazo. Ahora es usted quien tiene que asumir el rol de líder y enseñarle a comportarse correctamente en un lenguaje que su joven mente pueda entender. Desde el punto de vista de un perro, ¡las reglas humanas carecen de sentido!

Al comenzar el proceso de enseñanza tenga siempre presente que las primeras veinte semanas de vida son el tiempo más precioso para el aprendizaje canino; es un periodo en el cual la mente está en su mejor momento para absorber cualquier lección, positiva o negativa. Las experiencias positivas y la adecuada socialización en esta etapa son decisivas para su estabilidad y desarrollo futuros. La cantidad y calidad de tiempo que invierta ahora en su border determinará la clase de perro que llegará a ser. ¿Educado? ¿Desobediente? Depende de usted.

La ciencia que estudia el comportamiento canino asegura que cualquier conducta premiada será repetida. Es lo que se conoce como refuerzo positivo. Si ocurre algo bueno, como recibir un sabroso bocado o abrazos y besos, el cachorro deseará naturalmente repetir el proceder. Por otra parte, también se ha demostrado que una de las vías más eficaces de llegar a la mente de un perro es el estómago. ¡Nunca subestime el poder de un sabroso bocado!

Y todo esto nos lleva a otra valiosa recomendación: mantenga siempre los bolsillos repletos de golosinas, así estará preparado en todo momento para reforzar cualquier comportamiento positivo justo en el instante en que se produzca. El mismo principio del refuerzo se aplica a las conductas negativas (o a lo que las personas consideran negativo), como rebuscar en la basura, algo que para los perros no equivale a «portarse mal». Si el cachorro se mete en el cubo de basura, roba comida o hace cualquier otra cosa que le resulte divertido, lo repetirá. ¿Qué mejor razón para mantenerlo bajo vigilancia y hacerle saber que esa clase de «agradable» comportamiento no es aceptable para usted?

El cachorro ha de aprender que usted es ahora el «perro alfa» y su nuevo jefe de manada. Y usted tiene que enseñarle las cosas de manera que él las entienda. ¿Valdría la pena repetir que su joven perro no sabe nada acerca de estándares y comportamiento humanos?

**Ya sea en el adiestramiento, en el trabajo o en el juego, su papel como líder de la manada tiene que ser siempre evidente.**

## Atención y reconocimiento del nombre

Lo primero que hay que enseñarle es el nombre. Usted, por

su parte, tiene que saber cómo lograr que le haga caso cuando lo llame. Comience pronunciando el nombre del cachorro una sola vez. Igual que con las órdenes, el propósito es que aprenda que su nombre está compuesto por una sola palabra. Llámelo cuando él no esté distraído y cuando usted esté seguro de que le prestará atención y tan pronto lo haga arrójele una golosina. Repita este ejercicio una docena de veces en distintos momentos del día (use bocados minúsculos ¡o terminará con un perro regordete!). Al Border Collie no le va a tomar mucho más de un día entender que hacerle caso cuando usted lo llama por su nombre equivale a «comida sabrosa».

**El tiempo que dedique a socializar a su Border Collie cachorro será recompensado con un adulto bien equilibrado que acepta toda clase de amigos.**

## Sincronía y asociación de palabras

Siempre use la misma palabra (orden) para enseñarle el mismo comportamiento. Con el objeto de reforzar positivamente una conducta, prémielo con golosinas y elogios verbales. El cachorro hará la conexión y cuando escuche la palabra clave se sentirá impulsado a repetirla. Al adiestrarlo para que haga sus necesidades fuera de casa, hágalo en iguales términos: pronuncie el mandato en voz alta cada vez que defeque y prémielo con un «¡Muy bien!» cuando esté orinando. Él aprenderá enseguida para qué son esos viajes al exterior. Siempre que desee enseñarle algo, ponga en práctica el mismo procedimiento.

Además, hay que saber que todos los perros aprenden sus lecciones en el presente. Para otorgarles recompensas o castigos es preciso sorprenderlos en el acto (bueno o malo). Usted dispone de entre tres y cinco segundos para conectarse con el cachorro, de lo contrario, él no entenderá qué ha sido lo que ha hecho bien o mal. Si espera demasiado tiempo, lo va a estar premiando o regañando por lo que esté haciendo en ese momento y no por aquello que a usted le interesaba. Por eso, sincronía y coherencia son sus dos llaves maestras para enseñarle con éxito cualquier conducta nueva o corregirle las malas.

Adiestrar a un cachorro con buenos resultados descansa en varios principios básicos:

1. Use órdenes sencillas de una sola palabra y dígalas una vez. Si no, el cachorro aprende que «ven» (o «siéntate» o «échate») es un mandato de cuatro palabras.
2. Nunca corrija a su perro por algo que haya hecho minutos antes. Acuérdese: sólo tiene de tres a cinco segundos para premiar o regañar.
3. Es preciso elogiarlo siempre (y darle una golosina) tan pronto como haga algo bien (o deje de hacer algo mal). ¿Si no, cómo va él a comprender que está siendo un buen chico?
4. Sea coherente. No puede permitirle que se acurruque hoy

**Incluso el eternamente activo Border Collie necesita tomarse un respiro de vez en cuando.**

junto a usted en el sofá para ver la televisión y mañana regañarlo por subirse en él.

5. Nunca lo llame para regañarlo por algo que haya hecho mal. Pensará que la corrección es el resultado de haberle hecho caso y acudido a usted (es necesario ponerse en el lugar del perro, ¿recuerda?). Usted es quien debe ir hacia él para detener cualquier comportamiento indeseado, pero tiene que sorprenderlo en el acto porque, de lo contrario, él no entenderá el correctivo. Cada vez que él vaya a su encuentro, el resultado tiene que ser placentero.
6. Nunca lo golpee, patee o le dé con un periódico ni ningún otro objeto. Tales reprimendas físicas sólo generarán miedo y confusión en el animal y podrían desencadenar un futuro comportamiento agresivo.
7. Cuando lo elogie o lo corrija, use adecuadamente sus recursos vocales. Un tono alegre y ligero para el elogio, y uno firme y cortante para las advertencias o regaños. En este sentido, su perro también responderá en consonancia con las discusiones familiares... Si oye gritos airados, pensará que ha hecho algo malo y tratará de protegerse. Así que no discuta nunca delante de los niños... ¡ni del perro!

## Pasatiempos con el cachorro

Los pasatiempos con el cachorro son excelentes medios de entretenimiento durante los cuales él está recibiendo lecciones subliminales sin dejar de divertirse. Comience con un plan y un puñado de sabrosas golosinas. Haga que los juegos sean cortos para no forzar la atención del cachorro más allá de lo normal.

El pasatiempo «Captúrame» ayuda a practicar la orden de venir. Dos personas se sientan en el suelo a unos cuatro o cinco metros de distancia mientras una de ellas sostiene y acaricia al cachorro; entonces, la otra lo llama alegremente: «Fulanito, ¡ven!». Cuando él acuda corriendo hacia ella, debe recompensarlo con grandes abrazos y ofrecerle una jugosa golosina. El juego se repite unas cuantas veces más, alternando quién lo retiene y quién lo llama... pero sin excederse. Puede incluirse una pelota o uno de los juguetes favoritos del perro: las personas se lo arrojan una a la otra para que él lo recobre.

El juego del escondite también contribuye a enseñarle al cachorro la orden de venir. Jueguen fuera de la casa, en el patio o en alguna otra zona cerrada y segura. Cuando el perrito esté distraído, ocúltese detrás de un arbusto. Obsérvelo para ver cuándo se percata de que usted no está y va corriendo a buscarle (créame, es lo que hará). Tan pronto como se acerque, salga del escondite, agáchese con los brazos extendidos y llámelo: «Fulanito, ¡ven!». Este juego constituye, igualmente, un medio de interrelación mutua que hace comprender al Border Collie que depende de usted.

Puede enseñarle a encontrar sus juguetes. Coloque uno de sus muñecos preferidos a la vista y pregúntele: «¿dónde está el juguete?», y entonces déjelo que

**Antes de enseñarle la orden formal de «ven» puede comenzar a estimular al cachorro poniendo en práctica el juego de venir, pero siempre haciendo de esta actividad una experiencia alegre y divertida.**

lo tome. Repítalo varias veces, y después llévese al cachorro fuera de la habitación (donde no corra peligro) y coloque el muñeco de manera que sólo sea visible una parte de él. Traiga de nuevo al perro y hágale la misma pregunta. Alábelo efusivamente cuando lo encuentre. Repita lo mismo varias veces. Por último, esconda el juguete del todo y deje que el cachorro olfatee. Confíe en su olfato... él lo encontrará.

## Primeras lecciones

Se proponga o no llevar al Border Collie a exposiciones caninas, siempre es bueno enseñarle algunas cosas desde pequeño, como quedarse parado y tranquilo sobre una mesa de acicalado y también acostarse de lado en ella para dejarse acicalar. Ambas conductas serán útiles en numerosas ocasiones, incluyendo la consulta veterinaria, donde es mucho más fácil lidiar con un perro disciplinado.

Acostumbre al cachorro a estar con la correa, experiencia que les resulta extraña a los perros muy jóvenes. Empiece poniéndole un simple collar; ni muy apretado ni muy suelto, porque puede engancharsele en cualquier lugar, el perro asustarse y hacerse daño. Cada vez que se lo ponga déjeselo por algunos minutos y vaya ampliando el tiempo poco a poco hasta que llegue a sentirse cómodo con «su primera prenda de vestir».

Cuando el cachorro acepte ya el collar sin problemas, adjúntele una correa ligera y pequeña de enganche seguro, fácil de abrir y cerrar. Hasta ahora, el Border Collie ha ido dondequiera que se le ha antojado y se sentirá muy desconcertado con algo que restringe sus movimientos. Por eso, cuando entreno a mis propios cachorros me gusta permitirles –durante las primeras sesiones– que sean ellos los que me «lleven» a mí; después, empiezo a guiarlos yo. Lo común es comenzar el adiestramiento con el perro caminando a nuestro lado izquierdo. Cuando ya lo haya aprendido, puede enseñarle también a caminar al lado derecho. Si se propone llevar su Border Collie a exposiciones debe saber que, aunque en ellas los perros suelen caminar a la izquierda del presentador, hay ocasiones en que es necesario moverlos a la derecha para no obstaculizar la vista del juez.

Una vez esté listo para ir a lugares públicos, llévelo primero a sitios tranquilos, sin muchas distracciones. Paséelo con la correa y verá cómo su confianza se incrementa. Cada vez que lo saque de la casa, hágalo con una correa segura. Cuando ya hayan desarrollado plena confianza mutua podrá quitársela, aunque sin perderlo de vista y después de haberse cerciorado de que el lugar escogido para dejarlo correr en libertad está completamente cercado.

## EDUCACIÓN INICIAL

### Resumen

- El Border Collie es brillante, pero hay que impartirle lecciones. Él no conoce nada de reglas humanas y no tiene idea de cómo comportarse en casa hasta que usted lo adiestre, siempre usando métodos positivos.
- Deje que el cachorro se acostumbre a su nuevo hogar y su nueva familia a su propio ritmo, lo que no quiere decir que usted no se erija en líder de la «manada» desde el primer día.
- Antes de comenzar el adiestramiento formal, el cachorro debe responder a su nombre y el dueño tiene que saber cómo mantener su atención (¡golosinas!).
- El perro debe aprender a asociar órdenes con comportamientos. Su instructor le enseñará cómo hacerlo por medio de la repetición, la coherencia y la adecuada sincronía.
- ¡Usted también tiene cosas que aprender! Por ejemplo, las reglas básicas del adiestramiento positivo y la manera de comunicarse de modo eficaz con su perro.
- Los juegos con el cachorro crearán un lazo entre ustedes y constituyen la base para la enseñanza de las órdenes formales. Otras lecciones tempranas son caminar con la correa y dejarse acicalar.

**Al decidirse por un Border Collie usted habrá escogido probablemente la raza canina más adiestrable que existe.**

Otros aficionados podrán reclamar la misma condición para sus razas favoritas, y varias se acercan bastante, pero ¿quién duda de que el border vaya a la cabeza en este apartado? ¿Por qué otra razón tantos ejemplares se han hecho famosos por sus habilidades en el trabajo, el circuito de agilidad, la obediencia… y más?

Por muy inteligente que sea un perro, para adiestrarlo hace falta un instructor sensato y consecuente, consagrado a su tarea. A la mayoría de los canes les gusta hacer las cosas por alguna razón, sobre todo si son inteligentes como el Border Collie. Como sabemos, las recompensas comestibles suelen ser bastante persuasivas tratándose de la mente perruna.

**Ofrézcale una golosina superespecial por cada trabajo bien hecho. Encontrará elaboradas «galletas» para perros, que parecen auténticas.**

El siguiente método de adiestramiento se basa en el refuerzo positivo y usa golosinas y alabanzas. Finalmente, se eliminan los premios comestibles y sólo muy de vez en cuando se recompensa al animal con bocados apetitosos; pero el elogio sí se mantiene. Antes de empezar, recuerde dos cosas: use órdenes muy sencillas –mejor si son de una sola palabra– y haga las clases breves para no aburrir al perro.

Es recomendable contar siempre con una palabra de relajamiento para indicar al pupilo que el ejercicio ha terminado. Algo parecido al «descanso» de la vida militar. Las más usuales son «*okay*», «fin» y «libre»; con ella le hará saber al Border Collie que la lección se ha terminado y que puede relajarse y/o moverse de cualquier posición.

**Para progresar hacia los deportes competitivos, el perro debe conocer al dedillo las órdenes básicas y tener una clara comunicación con su dueño.**

**Siendo gentil, firme y justo en el adiestramiento y concentrándose en lo positivo, logrará que el Border Collie esté deseoso de complacerle.**

## Lo básico

### Siéntate

Sostenga la correa con la mano izquierda y una golosina en la mano derecha y deje que el perro la huela o la lama sin cogerla. Mientras le dice «siéntate», vaya levantando despacio la golosina por encima de la cabeza del animal para que él tenga que mirar hacia arriba. Al hacerlo, doblará las rodillas y se sentará. Cuando el trasero del perro toque el suelo en la posición correcta, dele la golosina y alábelo profusamente.

## Échate

Cuando el border haya dominado el ejercicio de sentado, puede empezar a practicar la orden de «échate». Pero antes es fundamental comprender que todos los perros consideran el echado como una postura de sumisión; de ahí la importancia de adiestrarlos con tacto y suavidad.

Con el perro sentado a su izquierda y la correa en esa mano, sostenga la golosina en la derecha, igual que hizo en el ejercicio anterior. Ponga la mano izquierda sobre la cruz del perro (sin empujar) y acérquele la golosina por debajo de la trufa, mientras le dice en tono tranquilo: «échate». Poco a poco, vaya moviendo la golosina a lo largo del suelo, frente al animal, siempre hablándole con suavidad. Él seguirá el rumbo de su mano y se irá echando. Cuando sus

**Si el método «por encima de la cabeza» no funciona, guíe suavemente a su perro con la mano hacia la posición de sentado para mostrarle lo que significa la orden: «siéntate».**

**Use la señal manual como refuerzo de la orden verbal cuando practique el «quieto».**

codos toquen el suelo, puede dejarle coger la golosina; entonces alábelo, pero trate de que se quede en esa posición unos cuantos segundos antes de ponerse de pie. Vaya incrementando gradualmente el tiempo de la postura.

## Quieto

Puede enseñar el «quieto» con el perro sentado o echado y, como siempre, sosteniendo la correa con la mano izquierda y la golosina en la derecha; deje que el cachorro la lama mientras le dice «quieto» y se pone frente al animal. En silencio, cuente hasta cinco y regrese al sitio original junto al perro mientras le permite coger el comestible y lo elogia efusivamente.

Siga practicando el «quieto» de esta misma forma algunos días más y luego incremente poco a poco la distancia entre usted y el cachorro a la vez que coloca la palma de la mano frente a él para indicarle que no debe moverse del lugar. Pronto podrá realizar este ejercicio sin la correa (dentro de una zona cerrada, claro) y el Border Collie se irá quedando quieto por periodos de tiempo cada vez más largos. Siga usando la señal manual junto con la orden verbal. Al completar el ejercicio, alábelo mucho.

## Ven

Su perro debería estar encantado de obedecerle cuando lo llame. La orden de venir es la más importante de todas porque garantiza su seguridad. La idea consiste en invitar al animal a acudir junto a usted y, cuando lo haga, ofrecerle una golosina y abundantes elogios. Esta orden es esencial por su potencial como salvavidas: impedirá que su Border Collie se vaya corriendo tras una ardilla o persiguiendo a un chico en bicicleta, que cruce la calle o se aleje demasiado al escaparse del patio o si se le ha roto la correa; en fin, la lista sería inaca-

**El dueño podrá decidir si adiestra o no al perro para que se quede quieto en la posición de parado, pero si se trata de un Border Collie de exposición habrá de enseñárselo porque así lo exige la etiqueta del *ring*.**

bable. Cada vez que practique esta orden, que sea dentro de una zona cerrada y con el perro con correa. Al ejercitarla, no puede darse el lujo de fallar: el cachorro tiene que aprender a acudir siempre que se le llame.

Una vez ha conseguido atraer la atención del border, llámelo desde una corta distancia diciéndole «Fulanito, ¡ven!» (¡haga uso de su tono de voz más alegre!), y dele una golosina cuando acuda a su lado. Si duda, tire suavemente de él por medio de la correa. Cójalo por el collar y sosténgalo así, con una mano, mientras con la otra le da el bocado apetitoso. Esto de agarrar el collar es importante. Finalmente, usted tendrá que dejar atrás la golosina y pasar al elogio práctico. Esta maniobra conecta el hecho de sostener el collar con el de venir y recibir golosinas, lo que le servirá de apoyo en incontables comportamientos futuros.

Repita el ejercicio de diez a doce veces en varios momentos del día. Cuando el cachorro haya dominado la orden de venir con correa, puede practicarla con él suelto siempre que sea dentro de un lugar cerrado y seguro. Siga ejercitándolo a diario para imprimir esta importante conducta en su infantil cerebro. Aun así, los dueños experimentados de Border Collie saben que nunca se puede confiar de manera absoluta en que un perro haga caso a la llamada de su amo si está enfrascado en alguna misión autoasignada. Sin correa es a menudo sinónimo de sin control, por no hablar de que el instinto de pastoreo puede interferir en el aprendizaje fiable del mandato. Así que, por su seguridad, manténgalo con la correa puesta cuando no esté en un sitio cercado.

Si se diera el caso de que se alejara y usted necesitara llamarlo para que vuelva, hágalo de manera serena pero firme, no en un tono nervioso o sobreexcitado porque entonces el animal se sentirá intranquilo. Tampoco se le ocurra llamarlo para que regrese si está al otro lado de la calle y hay tráfico. Esto puede ser en extremo peligroso. En lugar de eso, dele la orden de «quieto» hasta que usted pueda ir a buscarlo.

## Camina

Un perro adiestrado caminará junto a la persona que lo lleva sin tirar de la correa. En este caso, también debe sostener la correa con la mano izquierda mientras el animal permanece sentado a ese lado. Sujete el extremo de la correa en la mano derecha, pero contrólela más abajo con la izquierda.

Dé un paso adelante con la pierna derecha mientras le dice: «camina». Para empezar, dé sólo tres pasos y entonces ordénele sentarse de nuevo. Repita este proceder hasta que el perro camine sin tirar. Entonces, podrá aumentar los pasos hasta cinco, luego hasta siete y más. Elógielo verbalmente cuando termine cada parte del ejercicio y al final de la clase déjelo gozar corriendo en libertad.

Caminar con la correa significa que es usted quien establece el paso en el paseo y no el perro.

## Trucos

Los trucos no son útiles pero son divertidos. Al inteligente Border Collie puede que le guste aprender dos o tres de ellos. Si le enseña alguno, le aconsejamos que sea algo que tenga que ver con la personalidad de su perro. Muchos aprenden con facilidad a ofrecer la pata, a sentarse y «pedir», a dar vueltas en el suelo, etcétera. ¡Diviértanse!

## Mantener la práctica

La práctica ininterrumpida es una regla de por vida para el Border Collie. Incorpore las órdenes básicas a la rutina diaria para que el perro siga siendo un ciudadano canino educado, del cual pueda sentirse orgulloso. Con una buena base en las órdenes fundamentales será un maravilloso compañero, capaz de volar alto en otras muchas actividades caninas.

**Un salto fácil a través del neumático en el circuito de agilidad. Observe las habilidades que su Border Collie puede aprender una vez establecidas las bases del adiestramiento.**

## LAS ÓRDENES BÁSICAS

### Resumen

- Adiestrar a un Border Collie significa trabajar con una raza de gran potencial para realizar actividades que van más allá de la obediencia básica.
- Aprenda los principios básicos del adiestramiento: usar golosinas y elogios como reforzadores positivos; emplear órdenes de una sola palabra; hacer que las clases sean cortas e interesantes; y contar con una palabra de relajación para terminar cada ejercicio.
- Conocer las órdenes básicas es esencial para la seguridad y disciplina del Border Collie. Estas son: «siéntate», «échate», «quieto», «camina» y el muy importante «ven».
- Para hacer algo divertido enséñele algunos trucos al listo del Border Collie.
- Continúe practicando para que el Border Collie mantenga las habilidades ya adquiridas y para que progrese en el adiestramiento hasta un nivel competitivo.

# Alimentación del Border Collie

**Como el Border Collie es una raza tan activa, es de particular relevancia que consuma una dieta de alta calidad, considerando, en especial, el contenido proteico.**

Deben evitarse los alimentos que contengan mucho maíz porque son deficientes en vitamina B y pueden causar lo que se conoce como «lengua negra». Es tanta la variedad de comidas caninas comerciales que se hace necesario leer con atención la lista de ingredientes que incluyen. Actualmente existen fórmulas elaboradas para cada edad, tamaño, nivel de actividad y necesidades específicas. Es casi seguro que al principio usted se deje influenciar por la marca y el tipo de alimento que le daba el criador al cachorro. Y claro que podrá hacer cambios, pero paulatinos, para que no le afecte al estómago.

Cuando modifique la comida de su perro, vaya introduciendo la nueva marca poco a

Cena para dos. ¡Estilo Border Collie!

poco, a lo largo de varios días, mezclándola con la antigua en proporciones cada vez mayores hasta haberla sustituido del todo. Por supuesto, hay etapas en que los cambios en la dieta son necesarios, como cuando se pasa del alimento para cachorros al alimento para perros adultos. Por lo general, no hay riesgos en cambiar el sabor si uno se mantiene dentro de la misma marca. Es una vía para aportar variedad a la comida, aunque también puede hacerlo agregándole un poco de caldo sazonado.

Si opta por el alimento seco, tiene la posibilidad de humedecerlo con agua o añadirle una cucharada de comida enlatada antes de servirlo. Se recomienda hacerlo así para evitar que el perro lo engulla demasiado rápido y para promover la buena digestión. El Border Collie no es una de las razas que más padece la mortal timpanitis (torsión estomacal), pero es mejor prevenir; y cuando un perro devora el alimento también traga aire, lo que puede desencadenar la timpanitis. En tal sentido, no permita tampoco que se atra-

**Para promover el destete, el criador empieza a dar alimento sólido a los cachorros. En el momento de partir hacia sus nuevos hogares ya están destetados y consumiendo un buen alimento para perros de corta edad.**

**La apropiada nutrición se hace evidente en el pelaje reluciente, los ojos brillantes, la actitud dispuesta y la salud general del Border Collie.**

gante de agua, sobre todo a la hora de la comida. Pregunte al veterinario cómo protegerlo de este problema.

Si se siente abrumado por la enorme variedad de alimentos disponibles, el criador o el veterinario pueden asesorarle. Una cosa sí debe tener en cuenta, y es que los perros activos, en su etapa adulta, necesitan mayor contenido de proteína que los sedentarios. Como los Border Collie son tan dinámicos, sus requerimientos calóricos son igual de elevados. Sin embargo, no todos los ejemplares despliegan el mismo nivel de actividad, por lo que hay que observar las condiciones físicas de cada perro en particular y ajustar las porciones de alimento a sus necesidades individuales, teniendo en cuenta que no debe estar obeso ni flaco, ya que ambos extremos no son saludables.

Muchas personas sucumben a la tentación de dar golosinas entre comidas a sus mascotas, pero ¡cuidado! Aunque sea útil usarlas como premio en los entrenamientos, no está bien que usted comparta sus comidas con él. Además de correr el riesgo de sobrealimentarlo, lo está estimulando para que se convierta en un pedigüeño. Las zanahorias, cortadas en minúsculos trocitos o las muy pequeñitas, son buenas para mordisquear. A la mayoría de los perros ¡les encantan! No los engordan y, sin embargo, los ayuda a mantener limpios sus dientes. Vale la pena mencionar algunas «comidas humanas» que nunca deben dárseles, como el chocolate, las cebollas, uvas, pasas y nueces. Todas tienen efectos tóxicos comprobados en los perros y algunas llegan, incluso, a causar la muerte.

En cuanto a los horarios y la cantidad de raciones diarias que dé a su Border Collie, dependerá de usted y de su agenda personal. Muchas personas dividen la ración total en dos partes y les dan a sus perros una por la mañana y otra por la tarde. Es mejor para la digestión que darles una sola y abundante comida, así como lo es ajustarse a un horario y no optar por la dieta a libre demanda (dejarles comida en el plato para que ellos coman cuando deseen). Si le da la comida al perro a una hora determinada, déjelo descansar lo suficiente antes de emprender cualquier ejercicio: otra medida que previene la timpanitis.

Los cachorros necesitan comer con mayor frecuencia que los perros ya crecidos. El criador le habrá dado buenos consejos sobre las cantidades de alimento y la frecuencia, y también le habrá dicho que la transición hacia la comida para adultos se hace gradualmente. Si él no le ha entregado un papel con detalles por escrito sobre la alimentación del cachorro y cómo continuarla cuando se lo lleve a su casa, pídasela. Muchos proporcionan esta información.

## ALIMENTACIÓN DEL BORDER COLLIE

### Resumen

- El combustible de una raza tan energética como el Border Collie es la buena comida, con su nivel apropiado de proteína, de grasa y de nutrientes esenciales.
- Debe seguir dándole al cachorro el mismo alimento que le daba el criador, y si se propone modificarlo, debe hacerlo gradualmente.
- Pregunte al veterinario sobre los riesgos que entraña la timpanitis en el caso del Border Collie y cómo prevenirla. Además del criador, él podrá aconsejarle acerca de una dieta sana para el perro.
- No es difícil mantener en forma al dinámico Border Collie, pero uno tiene que asegurarse de que su peso sea saludable.
- Evite las «comidas humanas» y no le dé al perro sobras de la mesa; sea disciplinado con los horarios en que debe alimentarlo.

CAPÍTULO 11

# Acicalado del Border Collie



**Un Border Collie en buenas condiciones físicas y con su manto bien cuidado resulta una belleza natural impresionante a la vista.**

No es de extrañar que esta raza se haya hecho tan popular en las exposiciones de conformación, y sin perder su buen nombre como perro de pastoreo. Cuando está trabajando, sobre todo en el fango, su pelaje puede ensuciarse como el de cualquier otro can, pero como es compuesto y resistente a las inclemencias, no cuesta mucho limpiarlo y dejarlo de nuevo en óptimas condiciones.

**Para acicalar al cachorro e irlo acostumbrando al proceso, repásele el pelaje delicadamente con un cepillo suave.**

## Cuidados del manto

Incluso desde los primeros días, usted debe dedicar algunos minutos diarios a enseñarle al cachorro a mantenerse de pie sobre una mesa de acicalado y a dejarse alisar el pelo con un cepillo de cerdas suaves. Cuando se acostumbre a quedarse parado sobre ella (o sobre cualquier otra base que usted destine al acicalado) será también útil enseñarle a acostarse de lado para poder peinarle las zonas más inaccesibles (el vientre, las «axilas», etcétera). Mientras lo arregla, hable con él continuamente para que se relaje y se quede tranquilo.

Las sesiones de acicalado se volverán más complejas a medida que el pelo le crezca. Cuando se proponga arreglar a un Border Collie adulto, puede comenzar por repasarle el manto con una rasqueta, desde el frente hasta la parte trasera. Pero tenga presente que, a menos que lo tenga desenredado y limpio, la rasqueta puede arrancar más pelo del conveniente. Aun así, resulta un provechoso utensilio para eliminar el pelo muerto, sobre todo durante la muda.

Otras herramientas eficaces son el cepillo de cerdas naturales y el guante de acicalado, también conocido como «guante canino», que deja el pelo con un hermoso brillo. Un guante encauchado puede ser más efectivo en el caso del border de pelo corto porque en este tipo de pelaje extrae con facilidad el pelo muerto.

**El manto del Border Collie tiene propiedades impermeables especiales, lo que hará que se seque rápidamente después de meterse en un charco.**

**Cuando vaya a cortarle las uñas al Border Collie ármese de paciencia, mano firme y un cortaúñas para perros.**

Las zonas donde el pelaje es más abundante necesitan atención especial. Si encuentra greñas o nudos, no tire de ellos, desenrédelos pacientemente desligando unas cuantas hebras cada vez. Cuando el manto esté bien desenredado, repáselo todo con un cepillo haciendo hincapié en las zonas de difícil acceso como el estómago y detrás de las orejas. Para dar esos toques finales, tan importantes, puede peinar el manto completo con esmero.

Como medida de precaución, es preciso mantener limpio el equipo de acicalado y revisar los peines con regularidad. Si les falta un diente pueden estropear el pelo e, incluso, alcanzar la piel. Al Border Collie no se le recorta el manto, pero sí puede perfilárselo un poco cortándole el pelo que le crece alrededor de los pies y detrás de los corvejones.

Se recomienda un acicalado completo semanal, pero es conveniente revisarle y cepillarle el

**Con un paño suave y mucha delicadeza, límpiele las orejas sin entrar en el canal del oído.**

manto todos los días. En la etapa de muda tendrá que dedicar más tiempo a este proceso. Otro consejo: para arreglar un manto seco y que no se quiebre el pelo, use un acondicionador en pulverizador o, en su defecto, agua en pulverizador.

## Baño

Los expositores de Border Collie difieren en cuanto a la frecuencia del baño. Todo depende del estilo de vida del perro, de su tipo de manto y del programa de exposiciones. Las mascotas no necesitan bañarse tan a menudo, quizás unas cuantas veces al año, a no ser que se ensucien o tengan mal olor. En cualquier caso, es necesario acicalarles todo el manto previamente. Compruebe la temperatura del agua con el dorso de la mano antes de meter al perro en la bañera, porque no debe estar ni muy caliente ni muy fría. Después de mojarlo, aplique el champú pasándole la mano sobre el pelo en lugar de revolvérselo porque puede enmarañarlo. Enjuáguelo concienzudamente antes de aplicarle el acondicionador, que también deberá aclarar del todo. Use productos caninos y no humanos, aunque no está mal usar un champú para bebés en la zona de la cabeza a fin de evitar que se le irriten los ojos. Séquelo bien con una toalla antes de colocarlo frente al secador, pero más bien presionándola contra el pelo y no frotándola: igual que antes, para evitar nudos.

Puede orear el manto del perro con un secador de aire, graduándolo en el nivel más bajo de calor, o puede valerse de un secador canino. Cepíllelo hasta que se seque. El secador debe colocarse a cierta distancia del animal y de manera que el aire no le dé en la cara.

## Otras tareas de rutina

Las orejas del Border Collie, así como las de cualquier otro perro, hay que mantenerlas limpias. Para asearlas puede usar una bolita de algodón o una compresa mojada en una fórmula limpiadora. Los productos para higienizar orejas vienen en forma líquida o en polvo y puede adquirirlos en la tienda para mascotas o en el veterinario. Nunca profundice en el canal del oído porque puede hacerle daño al animal.

Si el perro ha estado sacudiendo la cabeza o rascándose las orejas, es posible que tenga ácaros o una infección, sobre todo si presenta secreciones de color pardo y mal olor en estas; siendo así, habrá que llevarlo al veterinario. Si le crece pelo dentro de las orejas deberá eliminarlo valiéndose de unas pinzas con la punta roma o de las yemas de los dedos. Si arranca sólo unos cuantos cada vez, al perro no le dolerá.

Es también esencial mantenerle limpios los ojos y las zonas aledañas. Ante cualquier señal de lesión ocular o si los ojos se le ponen azules, debe llevarlo al veterinario enseguida porque de no atenderse a tiempo el animal podría perder la vista.

En cuanto a las uñas, que deben estar cortas e igualadas, hay que despuntárselas con regularidad. La frecuencia depende en gran medida de las superficies sobre las cuales camina el perro. Los que se mueven sobre hierba necesitan cortes más asiduos que los que pasean o corren sobre pavimento.

Ya desde pequeño debe adiestrar al Border Collie para que se deje recortar las uñas. Al hacerlo, tenga mucho cuidado de no cortar el vaso sanguíneo que les corre por dentro, porque eso duele. Le recomiendo tener a mano un lápiz o polvo estípticos para detener el sangrado en caso de dañar accidentalmente el capilar. Lo mejor es usar un cortaúñas canino y cortar sólo un pedacito de uña cada vez.

Las glándulas anales de los perros se encuentran a ambos lados del ano. A veces se congestionan y es necesario que el veterinario las exprima. Cuando este es el caso, el perro suele frotar el trasero contra el suelo o lamerse frecuentemente. Los criadores experimentados acostumbran a exprimirles las glándulas ellos mismos, pero los dueños de mascotas deben dejárselo al veterinario; así evitan hacerle daño al perro en caso de no hacerlo bien y se ahorran una tarea que no es precisamente agradable.

La higiene bucal puede alargar la vida canina, así que vaya y mírele los dientes a su perro ¡ahora mismo! Las señales de peligro son: el sarro amarillo o caoba que crece a lo largo de las encías, la rojez o inflamación de las mismas y el mal aliento persistente. Si no atiende este problema, las bacterias se acumularán en la boca del animal y pasarán al torrente circulatorio a través de las encías dañadas, lo que elevará el riesgo de padecer enfermedades de los órganos vitales. Las dolencias periodontales provocan problemas renales, una causa frecuente de muerte en los perros viejos... muy prevenible.

Cepíllele diariamente los dientes al perro o, por lo menos, dos veces a la semana. Emplee un cepillo y pasta caninos (la pasta con sabor a menta que usamos las personas es dañina para ellos). Si el animal se resiste, intente limpiarle la dentadura con un trozo de pañal o de gasa enrollado en el dedo.

## ACICALADO DEL BORDER COLLIE

### Resumen

- El Border Collie es una raza natural, pero aun así necesita que le cuiden el pelo. Comience a cepillárselo desde cachorro y fije un programa regular de acicalado.
- Compre artículos de buena calidad y compruebe, cada vez que vaya a arreglar al perro, que están en buenas condiciones.
- A menos que se ensucie y lo necesite, el Border Collie sólo requiere bañarse unas cuantas veces al año.
- El corte de uñas, la limpieza de las orejas y los ojos, el cuidado de la dentadura y el mantenimiento de las glándulas anales son «tareas domésticas» que forman parte del proceso de acicalado y hacen que el Border Collie se mantenga sano.

CAPÍTULO

12

Cómo mantener activo al Border Collie



**El Border Collie quiere estar activo casi todo el tiempo. Claro que también necesita descansar, pero hasta que no se ha vivido con uno de ellos resulta difícil imaginar hasta dónde llega su nivel de actividad.**

No se repetirá nunca lo suficiente que a este perro hay que proporcionarle todas las oportunidades posibles para ejercitar su cuerpo y su mente. Aparte del adiestramiento y otras actividades, necesita largos paseos con su dueño: por lo menos una hora dos veces al día. Será un buen momento para investigar lugares y olores nuevos y mantener despiertos los sentidos.

Al decidir soltarlo en algún sitio, tenga presente la tendencia innata de la raza al pastoreo, lo cual puede tener consecuencias terribles si, por ejemplo, el perro decide hacerlo con los coches en marcha. Le encantará, por supuesto, correr libremente, pero las actividades sin correa requieren una zona ce-

**Los Border Collie son estupendos atrapando discos voladores; algunos dueños incluso se inscriben con ellos en las competiciones.**

rrada y segura. Al regresar a casa después de cualquier ejercicio al aire libre, es esencial limpiarle el pelo. Y también no dejarlo mojado cuando ha estado fuera en días lluviosos.

Los Border Collie están preparados para participar y triunfar en numerosas actividades. Es una raza que originalmente se usó para conducir ovejas y, de hecho, todavía se la usa mucho en zonas rurales de todas partes del mundo. En los perros que no trabajan, el instinto de guiar rebaños puede desarrollarse mediante el adiestramiento y la participación en competiciones de pastoreo. Las organizaciones caninas nacionales y las especializadas en perros pastores organizan esta clase de pruebas. En Estados Unidos, por ejemplo, se encarga de ello, aparte del AKC, la American Herding Breed Association (Asociación Estadounidense de Razas de Pastoreo).

Los Border Collie destacan en el circuito de agilidad, donde han llegado a hacerse famosos por sus formidables resultados. El *flyball* es otro deporte en el que destacan, que consiste en

**Nada más salir como un bólido de uno de los túneles del circuito de agilidad este Border Collie ya se apresura hacia el próximo obstáculo.**

**Para competir en el circuito de agilidad se necesita un perro que practique y esté siempre alerta. Este Border Collie cuenta en su propio patio con algunos de los obstáculos, como el salto con neumático, lo que le facilita ejercitarse.**

carreras de relevo entre equipos caninos de cuatro animales; muchos de ellos están integrados exclusivamente por Border Collie. Tanto la agilidad como el *flyball* son muy divertidos para los perros, los conductores y los espectadores. En muchos países se llevan a cabo estas competiciones. En Estados Unidos, además del AKC y del UKC, los concursos de agilidad son organizados por la United States Dog Agility Association.

Otras actividades sumamente agradables que, debo agregar enseguida, requieren gran pericia, son el *freestyle* y lo que se conoce en inglés como *Heelwork to music* (cuya traducción podría ser «bailando de talón con música»). En estas competiciones los perros «bailan» complicadas coreografías con sus conductores como pareja. Mary Ray, del Reino Unido, ha alcanzado reconocimiento mundial por su notable destreza y la de sus perros. Los que asisten al Crufts, la mayor exposición canina del Reino Unido, quedan fascinados por las actuaciones espectaculares de Mary en la «gran pista» con sus Border Collies. Estas actividades son relativamente nuevas y están ganando popularidad en Estados Unidos; el Border Collie es una de las razas que participa en ellas con mayor asiduidad.

Esta raza ha venido presentándose desde hace mucho tiempo en las competiciones de obediencia, donde ha alcanzado grandes honores. Las organizaciones caninas nacionales suelen programar estas pruebas.

Y si a usted le gusta hacer trabajo voluntario, también puede considerar las labores de te-

**«Danza canina» en acción. El *freestyle* y el «baile de talón con música», en pocas palabras, el baile de estilo con perros, se están haciendo populares en todo el mundo, y aquí también los Border Collies son el número uno, ¡ya se ve por qué!**

rapia canina. Algunos Border Collie se desenvuelven estupendamente como terapeutas, visitando asilos y hospitales para brindar compañía a los residentes y enfermos y darles abrazos que les iluminen el día. Varios ejemplares han llegado a ser perros escucha, es decir, los que ayudan a las personas sordas o de poca audición. Se les enseña sobre todo a avisar cuando suena el teléfono, el timbre de la puerta, el silbido de una tetera, sonidos de alarma, etcétera, todo lo cual resulta muy útil para estas personas.

Claro que no hay mejor actividad que aquella que puede compartir el dueño con su perro. Usted se divertirá mucho jugando con su Border Collie a devolver objetos, capturar discos o paseando, trotando, caminando largas distancias y yéndose de excursión al aire libre. Si le ofrece los desafíos y estímulos adecuados, su perro disfrutará mucho de la vida y usted será feliz compartiendo su gozo.

## CÓMO MANTENER ACTIVO AL BORDER COLLIE

### Resumen

- El Border Collie necesita mucha actividad y retos físicos y mentales.
- Por la seguridad de su perro, debe tener siempre presente sus instintos de pastoreo dondequiera que lo lleve y asegurarse de que no pueda escaparse.
- Los Border Collie son competidores de primera línea en muchos deportes caninos, como la obediencia, la agilidad, el *flyball*, el *freestyle* y las competiciones de conducción de rebaños. También son adecuados para el trabajo de terapia y otras labores de servicio.
- Las mejores actividades que puede proporcionar al Border Collie son aquellas en las que usted esté involucrado.

# El Border Collie y el veterinario

**A algunos perros no parece molestarles ir a la consulta veterinaria, pero otros, en cambio, se muestran temerosos.**

Claro, también depende de si están enfermos y se sienten mal. En cualquier caso, las emociones de sus dueños bajan de igual modo por la correa y les afectan. Deje a un lado sus propios temores y esfuércese por estar calmado e infundir calma a su perro. Ir al veterinario será más agradable si ha elegido bien al mismo y ha desarrollado una buena relación con él.

Ya sabemos que es usted un amo atento, que mantiene limpio y bien cuidado el manto de su Border Collie, pero si ocurre un accidente o se presenta una emergencia y él no está muy aseado, por favor, no pierda tiempo acicalándolo para ir al veterinario. El tiempo puede ser crucial, así que dese prisa por llegar a la consulta.

**El veterinario se encargará de las vacunaciones y reactivaciones del Border Collie desde que es cachorro y para el resto de su vida.**

Debe seleccionar al veterinario con mucho cuidado, si es

que ya no tiene uno para sus otras mascotas familiares. Pida al criador o a sus amigos dueños de perros –en cuya opinión confíe– que le recomienden uno. El emplazamiento de la consulta es también un aspecto de relevancia porque, en caso de emergencia, debe llegar a ella lo antes posible; y lo mismo a la inversa: el médico tiene que ser capaz de acudir rápido cuando solicite sus servicios. Otra opción para casos de emergencia cuando no pueda localizar al veterinario es usar el servicio de urgencias más cercano. Si vive en una zona rural, asegúrese por favor de escoger uno con experiencia suficiente en el tratamiento de animales pequeños. Muchos se las agencian muy bien con los animales de granja pero su práctica con perros es limitada y eso es algo que ciertos dueños han aprendido a costa de mucho dolor.

Una de las primeras cosas que debe hacer con su Border Collie es llevarlo al veterinario para que lo sometan a un examen médico completo, aun si no le toca todavía la otra ronda de vacunaciones. El veterinario

**Administrar medicamentos a un perro no siempre es fácil ni divertido. Pero existe un cierto tipo de gotero que ayuda a darle los bebedizos.**

**Puede que su Border Collie no sienta el mismo entusiasmo por ir a la consulta veterinaria que por ir al parque, pero no debe tener miedo cuando haya que hacerlo.**

lo examinará y certificará su buen estado de salud. Si le toca inmunizarse, le pondrá la dosis correspondiente; si no, le dará hora de visita. Él planificará el programa de vacunación del cachorro de acuerdo con las dosis que ya haya recibido y le dirá cuándo debe llevarlo. Por eso es importante acudir a la consulta con todos los documentos sanitarios que le haya dado el criador, incluyendo las vacunas y los ciclos de desparasitación.

## Vacunas

Las vacunas recomendadas por la American Veterinary Medical Association (AVMA) son las llamadas nucleares, que inmunizan contra las enfermedades más peligrosas para los perros de cualquier edad. Estas son: moquillo (virus de moquillo canino, CDV), mortal en los cachorros; parvovirosis canina (CPV o parvo), altamente contagiosa y también mortal para cachorros y perros en situación de riesgo; adenovirosis canina (CAV-2), altamente contagiosa y de alto riesgo para los cachorros menores de cuatro meses de edad; y hepatitis canina (CA1), también muy contagiosa y de elevado peligro para los cachorros. Por lo general, se combinan en una sola vacuna llamada «polivalente». La de la rabia es obligatoria en muchos países y se administra tres semanas después de completar el ciclo de vacunación.

Las vacunas no nucleares, que la AVMA ya no recomienda como imperativas, excepto cuando existen factores de riesgo, son las que inmunizan contra la parainfluenza canina, la leptospirosis, el coronavirus canino, la *Bordetella* (tos de las perreras) y la enfermedad de Lyme (borreliosis). Su veterinario le advertirá de si existe alarma médica en el barrio o ciudad donde vive para que inmunice al cachorro.

La guía terapéutica de la AVMA recomienda vacunar los perros adultos cada tres años y no anualmente. Muchos dueños someten sus perros a un análisis volumétrico anual para comprobar el estado de sus anticuerpos, en lugar de vacunarlos automáticamente contra el parvo o el moquillo. Analice con el veterinario el protocolo de vacunación más seguro para su Border Collie.

## Piel y pelaje sanos

Es esencial no descuidar la condición de la piel y el pelaje caninos y garantizar que esté libre de parásitos. Las pulgas, garrapatas, mosquitos y otras plagas pueden provocar alergias y escozor, además de deteriorar el manto, por decir lo menos negativo; también pueden provocar enfermedades mortales. Los ectoparásitos no son fáciles de detectar, por lo que cuando revise al perro ábrale el pelo con las manos y observe la piel. Si descubre una sola pulga, puede estar seguro ¡de que habrá más! El veterinario le prescribirá los productos preventivos más inocuos para eliminar los parásitos externos, productos que en su mayoría se adquieren con receta.

Del mismo modo, hay que mantenerse al tanto de los ácaros de los oídos. Son diminutos y pueden pasar inadvertidos a la vista, pero cuando se presenta una secreción de color pardo y mal olor, eso indica que están ahí. Con su veterinario podrá conseguir el tratamiento adecuado.

## Cuidados preventivos

Si ha comprado el cachorro a un criador entregado, la perra y su camada habrán recibido todos los cuidados necesarios. Él se habrá encargado de que la madre haya estado bien alimentada y desparasitada, y de que tenga al día sus vacunas; también, de someterla a reconocimiento médico sistemático. Una perra sana favorecerá el estado vital de sus cachorros proporcionándoles mayor grado de inmunidad, a diferencia de una con la salud deteriorada. El buen criador sólo reproduce perros genéticamente sanos, y eso estará documentado en los certificados médicos que les habrán sido extendidos a los progenitores de la camada antes de cruzarlos, tras haberles practicado las pruebas médicas correspondientes.

El Border Collie adulto necesita acudir a la consulta veterinaria por lo menos una vez al año para que le hagan un reconocimiento integral y le reactiven las vacunas, si procede hacerlo. El veterinario le practicará un examen para ver si tiene filarias y poder recetarle un medicamento preventivo anual; también es posible que lo someta a análisis de heces fecales a fin de detectar endoparásitos. Y le revisará los dientes. Cuando el border vaya entrando en sus años seniles, habrá que llevarlo al veterinario dos veces al año para hacerle sus exámenes, y así este podrá atajar cualquier problema en sus comienzos. Las visitas regulares a la consulta le mantienen informado de los progresos sanitarios de su mascota y los exámenes manuales le permiten detectar problemas y pequeñas anormalidades que usted no es capaz de percibir.

Pregunte siempre al veterinario qué medicaciones está administrando al perro. Los dueños bien informados están mejor preparados para criar animales sanos. Lleve una libreta de notas o un diario del border y registre allí todos los detalles de salud o enfermedad, especialmente al regresar de la consulta veterinaria, cuando aún están frescos en su memoria. Créame, si no los apunta, ¡se le olvidarán!

La salud del perro queda en sus manos entre una consulta veterinaria y otra. Esté al tanto de cualquier cambio en su apariencia y conducta, sobre todo si es viejo, porque incluso los más sutiles cambios pueden ser indicio de algo serio.

## Esterilización

¿Debe o no debe hacerse? Es casi una no-pregunta porque la esterilización es la mejor póliza de salud que puede ofrecerle a su perro si lo tiene en calidad de mascota. La mayoría de los criadores de Border Collie recomiendan esterilizar a todos aquellos ejemplares no destinados a la cría o la exposición. Las estadísticas demuestran que las hembras esterilizadas antes del primer celo (estro) tienen un 90 % menos de riesgo de padecer varios cánceres femeninos que se presentan con relativa frecuencia. Los machos esterilizados antes del desarrollo hormonal, por lo general antes de los seis meses de edad, reducen casi a cero el peligro de padecer cáncer prostático o testicular, así como otras infecciones y tumores relacionados con ellos. Además, disminuye su tendencia a deambular, a volverse agresivos y desarrollar otras conductas que los dueños encuentran difíciles de manejar.

Esterilizar a su Border Collie mascota no lo convertirá en un perro obeso ni holgazán. Lo único que se recomienda es ajustarle la dieta e incrementarle el ejercicio en caso de que comenzara a engordar, lo cual nunca será problemático con esta raza. Estadísticamente hablando, usted estará haciendo una doble contribución positiva para solucionar el problema de la superpoblación de mascotas y para la salud a largo plazo de su perro.

## Problemas de salud específicos de la raza

Las condiciones hereditarias que se presentan en el Border Collie incluyen la displasia de cadera, la atrofia progresiva de la retina, la anomalía del ojo de collie, la lipofuscinosis ceroidea (es un «desorden de almacenamiento» metabólico que da lugar a que los desperdicios celulares se acumulen en el cuerpo) y la epilepsia. Cuando un criador se propone cruzar a determinados perros, debe someterlos a exámenes oculares y de cadera; y

Como es una raza que pasa mucho tiempo al aire libre, tendrá que revisar con frecuencia el pelaje del Border Collie para ver si tiene parásitos, picaduras, bichos, elementos alérgenos o suciedad. También asegúrese de aplicarle un antiparasitario preventivo.

nunca reproducirá animales que tengan señal de padecer estas u otras enfermedades. Hay algunos otros desórdenes hereditarios menos frecuentes, como los problemas coronarios y ciertos males oculares y ortopédicos;

por esa razón, debe analizarlo todo con el criador y elegir un veterinario con experiencia en la raza.

Hay otro asunto que debe tratar con el veterinario: la sensibilidad de los Border Collie a los anestésicos basados en barbitúricos. Aunque pueden administrarse con éxito en perros sensibles, tal vez el veterinario prefiera usar otro tipo de anestesia y no correr riesgos. La elección de los anestésicos es algo que deberían considerar usted y él para determinar cuál es el más seguro para su perro.

## EL BORDER COLLIE Y EL VETERINARIO

### Resumen

- Elija un veterinario de su localidad, que le guste y en el cual tenga confianza. Debe ser alguien muy bien recomendado, familiarizado con la raza.
- Una de las primeras cosas a hacer es llevar el cachorro a la consulta veterinaria a fin de que lo examinen y le recomienden un programa de vacunación; este programa comienza en la infancia del perro y se mantiene a lo largo de su vida.
- Entre los cuidados preventivos están llevar el perro regularmente al veterinario y vigilar de cerca su salud cuando está en casa.
- La mayoría de los criadores y veterinarios consideran que la esterilización de los perros y las perras es un imperativo para todos aquellos no destinados a cría o exposición.
- Esté al tanto de los problemas de salud que conciernen al Border Collie en particular y dé su primer paso bien dado comprando el cachorro en un criadero de perros probadamente sanos.